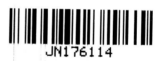

人はことばをどう学ぶか

国語教師のための言語科学入門

菅井三実

Kurosio くろしお出版

目　次

はじめに　言語研究と国語教育の生産的な連携に向けて……3

第1章　人はことばを通して世界を経験する……5
第1節＝ことばの体系と〈ものの見方〉　5
第2節＝ことばの意味に関する2つの考え方　12
第3節＝〈ものの見方〉の多様性　17
第4節＝認知機構の中の言語　22
第5節＝言語力についての管見　25

第2章　ことばを認知能力との関連で考える……33
第1節＝類像性──人に優しい言語構造　33
第2節＝目で見たように文を書く　39
第3節＝空間から時間への次元拡張　44
第4節＝大から小の原則　47
第5節＝メタ認知とメタ言語　50
第6節＝メタ言語能力　55

第3章　人はことばをどう学ぶか……65
第1節＝ことばの学習に関する2つの考え方　65
第2節＝スキーマとは何か　67
第3節＝帰納的学習と演繹的学習　72
第4節＝テンプレート　82
第5節＝話型を再考する　88
第6節＝協働学習と模倣学習　92

第 4 章　人はことばをどう運用するか……99

第 1 節＝推論とは何か　99
第 2 節＝言語表現における帰納的推論と演繹的推論　102
第 3 節＝第 3 の推論アブダクション　107
第 4 節＝反則を知らなければルールは守れない　112
第 5 節＝宣言的知識と手続き的知識　117

第 5 章　国語教育と関連領域との共生……121

第 1 節＝関連領域との学際関係──支援と制約の相互作用　121
第 2 節＝関連領域からの支援事例（その 1）──コミュニケーション再考　126
第 3 節＝関連領域からの支援事例（その 2）──間身体性　131
第 4 節＝関連領域からの支援事例（その 3）──心の理論　134
第 5 節＝関連領域からの支援事例（その 4）──アフォーダンス　142

おわりに……150
参考文献……151
索　引……156

はじめに

言語研究と国語教育の生産的な連携に向けて

本書は、言語研究者の立場から、言語学習や言語理解に関する知見を国語教育に提供し、国語教育の教育内容と方法論の質的向上に寄与することを意図したものです。小学校の先生方にとって、言語学などという研究分野は、ほとんど縁がないものと思われているかもしれませんし、文法でいう「主語」とか「橋本文法」というようなものを研究する学問と思われるかもしれませんが、本書で取り上げる言語研究は、単なる〈ことばそのもの〉の研究というより、〈人とことばの関係〉に視野を広げた研究であり、そこから〈人はことばを通して世界をどう見るか〉〈人はことばをどう学ぶか〉という問題を取り上げて研究する研究領域です。このような観点からの研究成果は、きっと言語教育としての国語教育に有益な知見を提供することができると思われます。

本書を出す契機の１つとなったのは、国語教育において基礎研究と応用研究がうまく連携できていないことへの危惧があったことです。研究の種類を大きく「基礎研究」と「応用研究」に分けるとき、日本語学（国語学）や英語学などの言語研究（言語学）は基礎研究に属し、国語教育や外国語教育は応用研究に属します。基礎研究（言語研究）と応用研究（言語教育）の連携という点で言えば、日本語学と日本語教育の間、英語学と英語教育の間には、連携と言えるものが比較的進んでいるように見受けられます。実際、日本語教育の研究者が日本語学の基礎研究をすることも珍しくありませんし、英語学から英語教育に研究の比重を移すケースも散見されます。ところが、日本語学（国語学）と国語教育との間の連携は、日本語教育や英語教育ほど盛んではなく、むしろ、ほとんどないといった状態に近いように見えます。歴史的に見れば、国語教育の黎明期において、国語学や国文学の研究者で学校教育に関心を持った人たち（例えば、橋本進吉、西尾実、時枝誠記《ときえだもとき》、阪倉篤義《さかくらあつよし》のような国語学者や国文学者）が国語教育という分野を創出し牽引したという経緯があったものの、国語教育が確固たる独自の地位を築いた今、国語教育は日本語学（国語学）から完全に独立しているというのが実態です。ただ、本書が意図する連携とは、日本語学（国語学）と国語教育が分化する前に歴史を逆戻りするものではありません。基礎研究の視点から、現在の研究水準で、国語教育にどんな知見を提供できるかを考えたものであります[1]。

そこで、本書では、3つの観点から基礎研究（日本語学）と応用研究（国語教育）の連携を図ることを目的とします。第1の観点は、理論言語学の知見を援用することで、人間が言語を理解して運用するのに無理のないモデルを提示することです。第2の観点は、日本語研究の知見が一般社会における日本語の事態を踏まえていることから、国語教育で学ぶ内容を学校教育に特化することなく、一般社会に出た後でも広く通用するものにすることです。第3の観点は、国語教育の隣接分野という視点から、関連領域との学際性を高めながら国語教育を支援するとともに、学際化の中で国語科教育に課せられる制約に目を向けることです。

本書は、学校現場の先生方を対象に言語研究の知見を平明に解説することを目的とするものですが、同時に、国語科教育の内情をよく知らないという他領域の研究者に、国語科教育がどのような研究領域かを知っていただく機会となり、さらに、基礎研究の研究者が、今後、国語科教育に対してどのように関わっていくべきかを考える入り口になれば望外の喜びであります。

なお、本書の出版を強力にご支援くださった慶應義塾大学教授の辻幸夫先生に深く感謝申し上げます。また、くろしお出版の池上達昭氏に手厚いサポートを頂戴しました。記してお礼申し上げます。

平成27年5月

[1] 国語学会の学会誌『国語学』第100輯（昭和50年3月）にある「座談会『国語学』編集の足跡」と題する座談会の記事によれば、時枝誠記や遠藤嘉基（よしもと）（訓点語学）が国語教育を「国語学の一部」と考えていたのに対し、亀井孝（たかし）は「国語教育は国語学の領域ではない」と述べています。このころ、すでに国語学と国語教育の間に微妙な関係が生じていたことが窺えます。

第1章

人はことばを通して世界を経験する

第1章では、言語研究の知見から、ことばというものは世界を見るときの〈ものの見方〉を規定する〈メガネ〉となる一方で、〈ものの見方〉を反映することを示すことで、ことばの教育が世界観（ものの見方）を育てることになる理由を明らかにしたいと思います。

第1節＝ことばの体系と〈ものの見方〉

「ことばは人間にとってどのようなものか」という問いは、あまりに壮大で、簡単に答えられるものではありませんが、一般的には「ことばはコミュニケーションの道具」であると言われたり、「ことばは思考の道具」であると言われたりしますし、そのほか、言語は「イデオロギー」であるとか「アイデンティティー」であると考える人もいるようです[1]。

言語と文化の関係を扱う文化記号論の観点から言うと、言語は「人間と世界を結ぶもの」ということができます。この特性は、決して新しい考えではなく、言語学でよく知られている言語の特性をクローズアップしたものにすぎません。その意味で、言語の特質を部分的にしか見ていないということに

［1］　言語がイデオロギーであるという点については、言語政策としてどの言語を公用語にするかという問題や、いわゆる「女ことば」というものがフェミニズム論として取り上げられるところにも表れます。また、言語がアイデンティティーという点については、自分自身が生まれ育った母語や方言（俚言）あるいは個人レベルで特定のことばを大切に守ることがアイデンティティーと感じる人がいることなどが挙げられます。

もなりますが、少なくとも国語科教育との関係では、特に注目に値する側面かと思います。「言語が人間と世界を結ぶ」ということは、言語が人間と経験世界の間に介在して、経験世界に対する〈ものの見方〉を規制するという意味において言えることです。我々は、ことばを使って現実世界を描いているのですが、一方で、実は、ことばによって現実世界に対する〈ものの見方〉が規定されているのが実態です。

この話題について最もよく知られた事例に、虹は何色かというトピックがあります。「虹にいくつの色が見えるか」という問いに対しては、言語圏によって色の数が異なることが知られています。虹は何色かと問われたとき、日本語話者なら「7色」というのが一般的で、紫・藍・青・緑・黄・橙・赤の7つというのが日本語の常識です。ところが、英語では一般に「6色」だそうです。英語で6つとなるのは、日本語の「紫」と「藍」が区別されず、violetで表されるからです。その結果、英語ではviolet、blue、green、yellow、orange、redの6つとなります[2]。

表1　虹の色の分布

日本語（7色）	紫	藍	青	緑	黄	橙	赤
英語（6色）	violet		blue	green	yellow	orange	red
ショナ語（3色）	cipswuka		citema		cicena	cipswuka	
バサ語（2色）	hui				ziza		

グリースン（Gleason, 1961）という人が挙げた上のような表によると、アフリカのショナ語（Shona）という言語を話す人たちは、虹の色を3色（cipswuka、citema、cicena）と答えるそうですし、同じくアフリカのバサ語（Bassa）を話す人たちは、huiとzizaという2色しかないと答えるそうです。表1では、ショナ語に4つの語があるように見えますが、左と右にあるのが同じ語ですから、3色になります。このほか、スペイン語では6色、ドイツ語では6色、ロシア語では5色が多いようです。

もちろん、虹というものは、世界中どこでも同じ気象学的現象であって、色彩的にも国や地域によって変わることはありません。それにもかかわらず、

［2］ 英語圏では、大学卒業程度の人でも6色と答えるそうですが、物理学の専門家になると7色と理解しているようです。その場合、violet（紫）、indigo（青藍）、blue（青）、green（緑）、yellow（黄）、orange（橙）、red（赤）の7色になります。

日本語では虹の色を７色と言い、英語では６色と言うのはなぜでしょうか。これは、人間が、言語を通して現実世界を見ているためであって、日本語や英語で虹の色を表す語彙が異なるために現実世界の虹も異なって見えると説明されています。この考え方は「言語相対説（サピア＝ウォーフの仮説）」と言い、より一般化して言えば「言語の語彙体系や構造が（ある程度まで）人間のものの見方を規定する」という仮説を言います。虹の色を表す色彩語の数によって虹の色彩が違って見えるという関係は、次のように表すことができます。

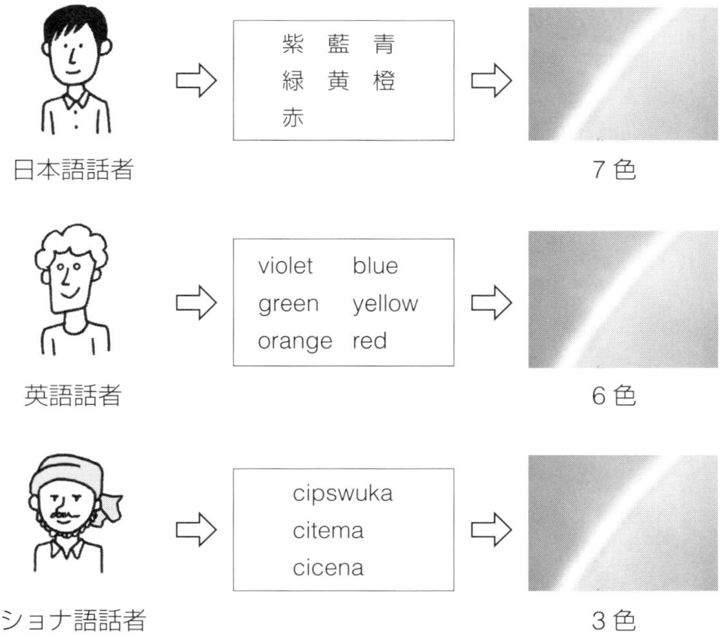

つまり、日本語を母語とする人が虹の色を７色と言うのは、日本語に７つの色彩語彙が用意されているからであって、英語を母語とする人が虹の色を６色と言うのは、英語に６つの色彩語彙しか用意されていないためと説明されます。同様に、ショナ語話者が３色と言うのもショナ語に３色の色彩語彙しか用意されていないからというのが言語相対説の考え方であります。上に挙げた３つの図が表しているのは、虹という物理的に同じ対象であっても、その人の使う言語が異なると、色の数が違って見えるという関係です。

このような〈人間〉と〈現実世界〉と〈ことば〉の関係については、次の2つの図で説明することができます。

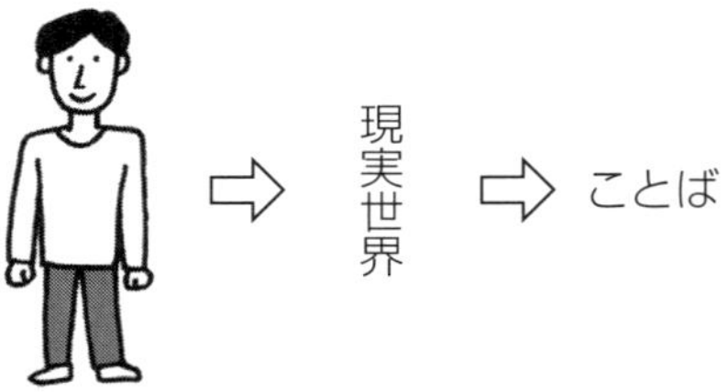

図1

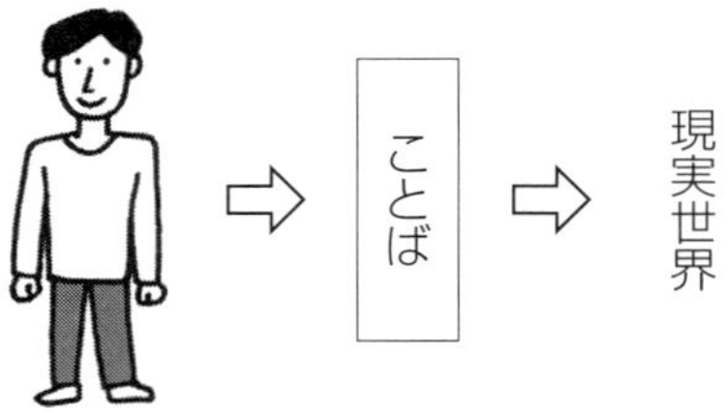

図2

一般には、左の図1のように、〈人間〉が〈現実世界〉を見て、それを〈ことば〉で表出するというように思われがちですが、言語相対説の考えでは、右に挙げた図2のように、〈人間〉は直接〈現実世界〉を見るのではなく、〈ことば〉を介して〈現実世界〉を見ているということになります。いわば、〈人間〉は、〈ことば〉というメガネあるいはフィルターを通して世界を見ているというのが言語相対説の考えです。図2のような言語相対説の考えに従えば、〈現実世界〉を見る〈ことば〉が異なれば、〈現実世界〉も違って見えることになります。

ことばの体系が〈ものの見方〉を規定するという現象は、具体的な語のレベルでも生じます。わかりやすい例を挙げると、日本語（全国共通語）では兄弟関係を表すのに「兄」「弟」「姉」「妹」という4つの語があります。4つの語があるということは、兄弟関係を4つに分けて見ているということを示します。これに対し、英語では、brother と sister という2つの語で体系を作りますから、男と女は区別するものの、年上と年下の区別はしていないことになります。もちろん、elder brother（兄）とか younger sister（妹）のように、形容詞 elder や younger をつけて年齢の上下関係を示すことも可能ではありますが、語のレベルでは2つにしか分けていません。日本語が4つに分けるのは、そもそも最初から語のレベルで「兄」「弟」「姉」「妹」の4つの語で体系が作られているわけで、英語の2分割と日本語の4分割は語彙体系における固有の分割法ということになります。先程の虹の例と同じように言語構造（語彙体系）の差異が〈ものの見方〉の差異を生むという観点から言えば、日本語話者は４つの内のどこに入るかという見方で兄弟姉妹を見ているのに対し、英語話者は２つのうちのどちらに入るかで見ているということになります。英語で I have two sisters.（私には sister が２人います）という発話が、日本語話者にとって消化不良気味に聞こえるのは、sister が２人いると言われても、姉か妹かがわからない状態で、情報不足と感じるからです。情報不足と感じるのは、日本語で４つに分割しているからで、英語流の２分割では分け方が「粗すぎる」ということになります。他方、インドネシア語では、兄弟姉妹を２つに分けますが、英語と違って、「年上」と「年下」を基準に２分割するものの、「男」と「女」の区別をしません。インドネシア語では、年上であれば男性（兄）でも女性（姉）でも kakak と言い、年下であれば男性（弟）でも女性（妹）でも adik と言います。

表２　現代日本語

	男	女
年上	兄	姉
年下	弟	妹

表３　英語

男	女
brother	sister

表４　インドネシア語

	男女共通
年上	kakak
年下	adik

日本語話者は表２のような日本語式の４分割のほか、表３のような英語式の２分割にもある程度は慣れていることでしょうが、さすがに、表４のようなインドネシア語式の分割法には戸惑うのではないでしょうか。インドネシア語の分け方に従って、「私には kakak が２人いる」と言われても、理解した気持ちになれないのは、インドネシア語式の分割法に慣れていないためということになります。

ここから言えることは、どのような〈ことば〉を使うかを考えることは、どのような〈ものの見方〉をするかを考えることになります。ここに、ことばの教育が〈ものの見方〉の教育になる理論的根拠があるわけです。

☞言語相対説の要点

人は〈ことば〉というフィルターを通して世界を見ており、〈ことば〉は、人がどのように物事を見ているかを反映する。そのフィルターを外して世界を見ることは難しい。

言語相対説については、鈴木孝夫の『ことばと文化』（岩波新書, 1973年）や『日本語と外国語』（岩波新書, 1990年）のような新書に平明かつ明晰な分析があります。また、最近のものでは、ドイッチャー『言語が違えば、世界も違って見えるわけ』（インターシフト, 2012年）があり、心理学から一般向けに書かれた新書に今井むつみ『ことばと思考』(岩波新書, 2010年) があります。

●●コラム　相対化のすすめ

言語相対説は、「言語が人間の〈ものの見方〉に影響を与える」というものでしたが、言語の意味も相対的なものであります。例えば、「山腹」という語は「山頂」や「山麓」とセットにして考えることで初めて意味が規定できますし、「追いかける」と「追いかけられる」を相対化することで受け身（受動態）の意味が浮かび上がるわけです。

相対化という考え方は、言語表現の意味を理解するときだけでなく、概念規定においても重要です。相対化の観点から言うと、「生きる力」や「確かな学力」というスローガンについて考えるとき、「生きる力を育てる」に対して「生きる力がない」とはどういうことかという問いを立てたり、「確かな学力」に対して「確かでない学力」というものを立てたりしてみることも意味があります。その問いによって、「生きる力」や「確かな学力」の内実や必要性が浮かび上がってくることが期待できるからです。

国語科という科目の特徴を見るときも、当然、相対化という視点が必要です。国語科目は、しばしば「答えが１つに決まらない科目」と言われるようですが、「答えが１つに決まらない」というのは国語科に固有のことなのかどうか、相対化することで見えてくる可能性があります。他の科目、例えば、算数（数学）や社会科では必ず答えが１つに決まるのでしょうか。たしかに、「4 × 2」の答えは「8」だけですし、「愛知県の県庁所在地」は「名古屋市」しかなく、答えが複数になることはありません。ただ、もし算数（数学）の時間に「1から10までの自然数の中で最も美しいのはどれか」という問いを出したとき、その答えは１つに決まりません。国語科だから答えが１つに決まらないのではなく、問いの出し方に原因があるということが見えてくるわけです。

●●コラム　間主観性（共同主観性）

客観的な現実に存在するものであれ、人間の目を通して理解される限り、内面的な主観や価値観から影響を受けないまま理解されることはあり得ません。そう考えると、１つの疑問が浮かんできます。Ａさんが見たものをＡさんがことばで表し、それをＢさんが聞いて理解するとき、Ｂさんの理解はＡさんが言おうとしていたものと同じなのだろうか、と。Ａさんの発話にはＡさんの主観が含まれるでしょうし、Ｂさんの理解にもＢさんの主観が含まれるでしょうから、ＡさんからＢさんへの情報伝達には二重に主観が含まれるわけです。それでも、ＡさんとＢさんとのコミュニケーションは破綻しないのでしょうか。このような問題に対して、二重の主観を超えてコミュニケーションが成立するのは、個々人の主観が排除されるからではなく、個人それぞれの主観や価値観に共通する部分が多いからという仮説が想定されています。これを「間主観性（intersubjectivity）」と言います（ほぼ同義で「共同主観性」とも言います）。間主観性というのは、我々はたしかに主観を持っており、主観から離れて〈完全なる客観世界〉を作ることは永遠にできないことを認めた上で、我々の主観も個人によって全く違うということはなく、むしろ、我々は“みんなが同じように主観的になっている”という考え方を言います。間主観性が成立するのは〈同一の言語圏〉〈または同一の方言圏〉と言われます。つまり、同じ言語（あるいは同じ方言）を話す人たちは、ほぼ同じような主観あるいは価値観を持つというのが間主観性の考え方です。間主観性の具体例として、日本語を話す人は太陽の色を赤だと思っているのに対し、中国語を話す人は太陽の色を白か赤だと思っており、欧米の言語を話す人は太陽の色を黄色だと思っているという例が挙げられます。

間主観性（共同主観性）は、〈私の思い〉と〈相手の思い〉の間に〈私たちの思い〉という共有の場が成立することにあるわけですが、これと同じ関係が身体のレベルでも言えるというのがメルロ＝ポンティの間身体性（身体的間主観性）です。間身体性は間主観性の前段階と言ってよいものです（131 ページを参照ください）。

第２節＝ことばの意味に関する２つの考え方

前節で、言語が異なれば〈ものの見方〉が異なるという考え方（言語相対説）を導入しました。第２節では、同じ人間が同じ言語を使うときでも、多様な〈ものの見方〉が成立し、それが言語に反映されることを示したいと思います。言語表現の意味とはどういうものかという問いを取り上げることになります。

さて、近年の理論言語学には、意味に関して異なる立場をとる２つの大きな研究パラダイムがあります。１つは生成文法（generative grammar）で、もう１つは認知言語学（cognitive linguistics）と呼ばれる立場です。２つの違いは、言語の「意味」というものに対する考え方に表れます。わかりやすい例を挙げると、次の（1a）と（1b）に対して、生成文法と言われる学派の人は「意味は同じ」と主張し、認知言語学と言われる学派の人たちは「意味は異なる」と主張します。

（1） a.　男が女を追いかける。
　　 b.　女が男に追いかけられる。

いかがですか。たしかに客観的には同じ事象を表していますので、（1a）も（1b）も「同じ意味」とも言えそうですし、それでも何か「違う意味」を持っているように言えなくもないというところでしょうか。

まず、生成文法のように、（1a）と（1b）を「同じ意味」と考えるとすれば、同じなのは「文が表している論理的な関係」であります。（1a）も（1b）も、論理的には「ＸがＹを追いかける」という事象の中で「Ｘ＝男」であり「Ｙ＝女」という値を持つ点で変わりはなく、同じ関係を表しているという点で（1a）と（1b）は「同じ意味を持つ」という考え方は成り立ちます。このとき、（1a）と（1b）が表す論理的な関係は、（個人の立場を超えて）客観的に決まるものですから、（1a）と（1b）を同じ意味だと考える立場は「客観主義的意味観（objectivist view of meaning）」と呼ばれます。客観主義的意味観は、言語の意味というものを「現実世界における客観的な論理関係」と考える見方です。従来の言語研究は、基本的に客観主義的な意味観に立っていました。

この立場では、現実世界における論理関係が同じであれば、形式（表現）が異なっても、意味は変わらないということになります。(1a) と (1b) が論理的に「同じ意味を表す」となると、(1a) のような能動文と (1b) のような受動文（受け身文）は、単に表し方が違うだけで、あくまでも意味的には同じということになります。

一方、認知言語学のように、(1a) と (1b) は、やはり「意味が異なる」と考える立場もあります。(1a) と (1b) で「意味が異なる」とすると、その差異は論理関係ではありません。(1a) と (1b) の差異は、論理関係ではなく、そこに含まれる微妙なニュアンスを含んだものということになります。では、(1a) と (1b) では何が違うでしょうか。それは、事態をどのように見るかという点です。「事態をどのように見るか」という点を〈ものの見方〉と呼ぶならば、(1a) と (1b) は、まさに〈ものの見方〉の違いであり、意味というものを〈ものの見方〉に求める立場が「概念主義的意味観 (conceptualist view of meaning)」です。この考え方は、人間が対象を概念化するプロセスに、人間の視点 (viewpoint) や解釈 (construal) といった繊細な要因が含まれると考える立場であり、アウトプットとして表出された言語表現は、「意味（＝ものの見方）」を反映したものと扱われることになります。概念主義的意味観から見ると、言語表現の差異を考えるということは、認知過程における〈ものの見方〉の差異を考えることになります[3]。

認知言語学の概念主義的意味観に立つと、意味とは〈ものの見方〉であって、言語表現は、その捉え方を反映したものでありますから、どのような言語表現で表されているかということは、まさに「意味（＝ものの見方）」を可視的に考える上で非常に重要なわけです。表面的な言語表現の差異を考えるということは、認知過程における〈ものの見方〉の差異を考えることにほかならないのです。具体的に、概念主義の立場から、上述の (1a) と (1b) の違いを考察すると、両者の差異は、結局、「男」と「女」のうち、どちらに視点を置くかという点に帰着され、(1a) と (1b) は、それぞれ、次の図 3a と図 3b のようなアングルから描いたものと解釈されます。

[3]　認知言語学では、人が事態を把握し解釈しながら言語表現で表すことを「概念化 (conceptualization)」といいます。この概念化のプロセスこそが「意味」であるという立場が概念主義的な意味観です。

図 3a

図 3b

図 3a と図 3b が客観的には同一の状況を表しているにもかかわらず、異なる意味を表しているのと同様に、(1a) と (1b) も、論理関係が同一であっても、異なる意味を持つものと分析するのが概念主義的意味観に立つ認知言語学のスタンスです。図 3a と図 3b のように視覚化すると、もはや、(1a) と (1b) を意味的に同じと考えることはできません。

認知言語学の観点から見れば、やや話が小学校の話からそれるかもしれませんが、文法として扱われる助動詞の指導も、自ずと変わってきます。中学校での教え方では「助動詞レルやラレルは受け身を表す」となるでしょうが、ここでいう視点を踏まえると、「レルやラレルがつくとどう意味が変わるでしょうか」という問いになります。その際、「全体で言っていることは同じだけれども、どちらに注目するかが違う」という答えを導くことができれば、言語表現を通して〈捉え方〉の差異を理解することが可能になるわけです。

このような考え方は、意味論的な妥当性を示します。〈意味〉=〈捉え方〉という立場に立つと、一見、非論理的な表現であっても、意味論的な説明が可能になるからです。次の例を見てください。

(2) a. ごらん、太陽が昇っていくよ。
　　b. 渡米の朝、玄関の前で家族全員が見送ってくれた。タクシーが走り出しても、しばらくは私の乗ったタクシーを見ていた。その姿が遠ざかっていくのを私もタクシーの中からじっと見ていた。
　　c. 最近、メガネの度が弱くなってきた。

客観主義的な意味観から言うと、これらは「論理的に間違った表現」ということになります。客観的な論理関係において、(2) の日本語は現実的に破綻しているからです。(2a) において、地動説の知見から「太陽」自体が「昇る」ということはあり得ないことであり、(2b) でも、現実的に変化を起こしているのはタクシーに乗っている話者自身であって、見送りの家族が勝手に「遠ざかっていく」ということは通常あり得ません。(2c) においても、客観的に「メガネの度」が勝手に「弱くなる」ということはありません。その意味で、(2a) ～ (2c) は、いずれも非現実的な文ということになりますが、しかし、このような表現は、実際には日常の日本語の中で発話され得るものでもあります。

概念主義的意味観から言えば、次のように説明されます。つまり、(2a) においては、天体学的に「太陽が昇る」ということが絶対ないとしても、地球上にいる人間の視点から見れば、表層的に「太陽が昇る」ように見えるというのが経験的な現実であって、その意味では、人間の目で太陽を見た姿が如実に描かれているということは理解できるでしょう。経験的には無理のないことではないでしょうか。(2b) でも、現実的に変化を起こしているのはタクシーに乗っている話者自身でありますが、自分の位置変化を固定すると、位置変化を起こしていないはずの家族（の姿）が「遠ざかっていく」ように知覚されるという経験は日常的に起こり得ます。車に乗って走っているとき、現実には自分の車が動いているはずなのに、車外の電柱や景色が動くように見えるのと同じです。同様の説明は (2c) にも言えます。(2c) において、人間の視力が長期的に少しずつ変化しているのですが、その長期的で漸次的な変化を自覚的に感じ取ることができないとき、結果として、変化しないはずの「メガネの度」に変化が生じているように知覚されるというものです。いずれも、人間の〈ものの見方〉を忠実に反映した言語表現ということが言えます。

☞ことばの意味に関する認知言語学的見解

ことばの意味とは、事態に対する解釈の反映であり、〈ものの見方〉と言ってよい。ことばは、対象を必ずしも客観的に描かないものの、人間の〈ものの見方〉を忠実に反映する。

言語表現上の差異を考えることは、ただ表面的な字面《じづら》の違いを比べることではなく、〈ものの見方〉の違いを考えることにほかならないのです。

●●コラム　国語辞典なら客観的に正しいか

ここまで、ことばには言語使用者の主観的な解釈や価値観が含まれることを述べてきましたが、国語辞典なら中立的で客観的なのでしょうか。実は、国語辞典でさえ、人間が編集したものである以上、人の経験や主観性から逃れることはできません。例えば、『新明解国語辞典』（三省堂）では、次のような記述が見られます。

はまぐり【蛤】遠浅の海にすむ二枚貝の一種。食べる貝として最も普通で、おいしい。（第6版）

ぜんしょ【善処】うまく処理すること。〔政治家の用語としては、さし当たってはなんの処置もしないことの表現に用いられる〕（第5版）

「おいしい」という記述が「はまぐり」という名詞を辞書として記述するのに適切でないのは、一般性を持たない個人的な嗜好にすぎないからです。同様に、政治家の用語として補足的な説明の部分は、個人的な〈捉え方〉が記述されてしまったところであって、辞書にさえ主観的な価値が出てしまった例として知られています。このようなイレギュラーな記述は、『新明解国語辞典』（三省堂）だけでなく、『広辞苑』（岩波書店，第５版）にも次のような記述として観察されます。

シシャモ【柳葉魚】＝（アイヌ語）ニシン目の魚。ワカサギに類似し、体長十五センチメートル。北海道南東部に産。美味。

この中の「美味」というのは、ひと言余分であって、国語辞典の中にさえ個人の体験が反映されることがわかると思います。

第3節＝〈ものの見方〉の多様性

前節で示したように、言語表現の違いが〈ものの見方〉を反映するという立場から言うと、同じ対象を描く場合でも複数の言語表現で描かれるということは、その対象に複数の〈ものの見方〉が成り立つことを意味します。ここでは、その〈ものの見方〉に、どのような要因が含まれるかを具体的に見ていきたいと思います。

早速、具体的な例を挙げてみましょう。プロ野球で、巨人対阪神の試合結果が、巨人3－阪神2だったとき、(3a) と (3b) は、発話者の〈注意〉の違いが反映されたものと理解することができます。

(3) a.　巨人が阪神に勝った。
　　b.　阪神が巨人に負けた。

(3) が同じ事態を描いたものであっても、(3a) と (3b) は、表現者の〈ものの見方〉の違いが反映されたものと理解することができます。簡単に言えば、(3a) と (3b) の違いは、対戦チームのどちらに注意を払っているかを反映しています。巨人の勝敗に、より多くの注意を払っていれば (3a) のように表現されるでしょうし、阪神の勝敗に、より注意を払っていれば (3b) のように表現されるでしょう。巨人が負けると思っていたのに（予想に反して）巨人が勝ったというときでも (3a) のように表現されるでしょうから、必ずしも単純に巨人ファンか阪神ファンかという差異で説明できるものではありません。ここでは、〈注意〉という観点から説明するのが最も合理的かと思われます。

もう1つ、次の例では表現者の〈態度〉の差異が見られます。

(4) a.　私たちは、これから70年以上の人生を生きなければならない。
　　b.　私たちは、これから70年以上の人生を生きることができる。

(4a) は高校1年生が書いた文の一部ですが、これは (4b) のように言うこともできます。17歳の高校生にとって、平均的な余命を70年と考えたという点では（4a）も（4b）も変わりありませんが、（4a）では70年を義務のように捉えているのに対し、（4b）では権利あるいは可能性として捉えている点に差異が見られます。70年という歳月に対する〈態度〉あるいは〈姿勢〉の違いが見られます。なお、同じ対象であっても人の捉え方（解釈）によって複数の言語表現が可能になるという見解は、非常に教育学的な発想のように思われますが、こういう分析を明示的に与えたのは、実はラネカー（Langacker, 1987）というアメリカの理論言語学者でした。

同様のことは、名詞（ものの名前）についても言えます。例えば、図4のような街中で見かけるカメラは何と呼ばれるものでしょう。

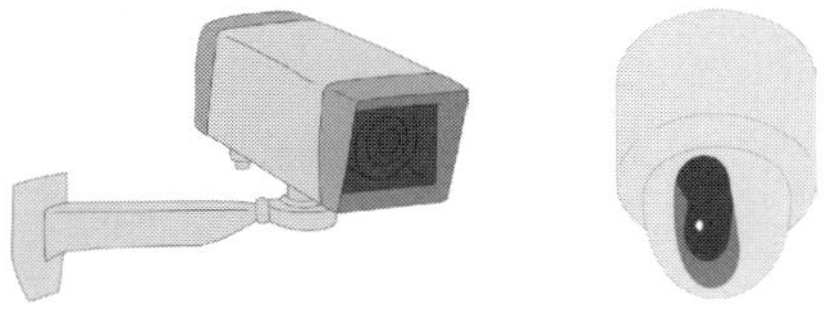

図4

このようなカメラは、その設置目的から、「防犯カメラ」や「監視カメラ」と呼ばれますが、「防犯」とか「監視」と言われると、それだけで物騒な感じを与えます。しかし、もし、これを「安全カメラ」と呼ぶとすると、それだけで穏やかな感じがするのではないでしょうか。「監視カメラ」という言い方（捉え方）と「安全カメラ」という言い方（捉え方）の差異は、カメラ自体の物理的な機能や設置方法に関する違いではなく、いわば対人的な〈配慮〉という点にあるように見られます。

もう少し抽象的なものの場合でも同様です。例えば、「氷点」という語を辞書（三省堂『大辞林』第三版）で引くと、次のように記述されています。

「氷点」＝①一気圧のもとで、空気で飽和した水と氷が平衡状態にある時の温度．すなわち、水が凍る温度．摂氏0度．②物体の凍りはじめる温度．凝点．

この中の記述で注意を向けるとすれば「水が凍る温度」や「物体の凍りはじめる温度」の部分です。化学で「水が凍る温度」は、同時に「水が溶ける温度」

でもあるわけですが、国語辞書では「氷点」の記述に「水が凍る温度」と書いてあっても、「氷が溶ける温度」と書いてあるものは見当たりません。この現象も、我々の経験的視点を反映したもので、日常的に「氷点」よりも高い温度で生活しているために「水が凍る温度」という記述になるのであって、もしも、仮に「氷点」よりも低い条件で日常の生活を送っている人たちがいるとすれば、きっと、「氷点」＝「氷が溶ける温度」とも書かれていたことでしょう。言語表現は、神の視点で書かれるものではありません。人間の視点にはバイアスがかかり、経験に縛られていることがよくわかると思います。

このように、同じ対象でも〈ものの見方〉によって異なる表現が作られることを図式化すれば、次の図５のようになります。

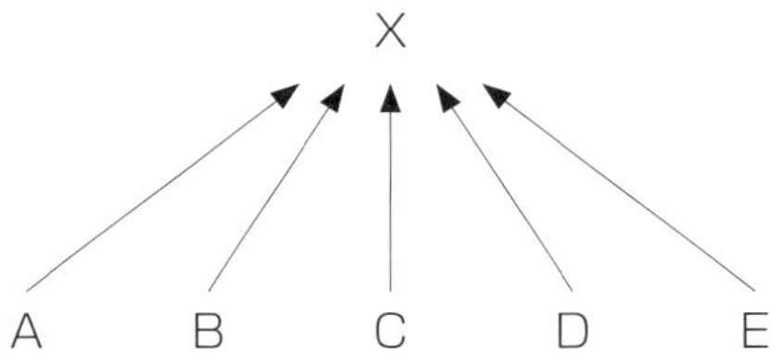

図５

この図５が表しているのは、１つの「X」という対象を指し示すとき、「A」「B」「C」「D」「E」というように複数の表現があり得るという関係です。描こうとする対象（状況）が同じであっても、それを表す表現は１つではありません。同じ対象（状況）でも、さまざまな様式で表現することができます。同じ対象（状況）を異なる様式で表現するということは、単に言い方が変わっただけでなく、対象（状況）に対する捉え方（解釈）が異なることを意味します。

〈ものの見方〉に作用する要因として〈評価〉という観点を挙げることができます。〈ものの見方〉に人の〈評価〉が込められるという点については、次の図６のように、客観的な数字を扱う場合にも見られます。

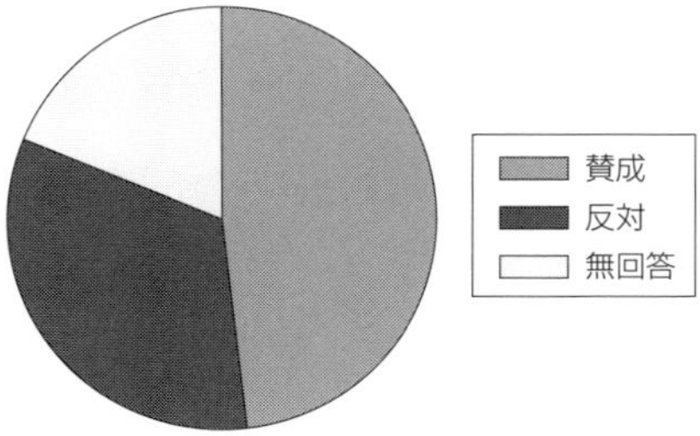

図６

図６のグラフで、「賛成」が49パーセント、「反対」が33パーセントだったとします。残りの18パーセントが「無回答」とします。このとき、「賛成」に関して、次の(5a)のようにも言えますし、(5b)のように言うこともできます。

(5) a. 賛成が半数近くいる。
　　b. 賛成は半数に達していない。

(5a)と(5b)の違いは、もちろん数値の差異ではなく、数値に対する〈評価〉あるいは〈態度〉の差異に起因します。表現者自身が、賛成派であれば(5a)のように言うでしょうし、反対派であれば(5b)のようにも言うことでしょう。同様に、「反対」の人の比率についても複数の表現が可能で、「反対は３分の１しかいない」とも言えますし、「反対が３分の１もいる」とも言えます。数値の解釈においても、日常レベルでは、〈ものの見方〉が反映され得ることがわかります。

〈評価〉という点から言うと、次のように同じ人物を描写するときでも、複数の捉え方が可能です。

(6) a. 太郎は、揺るぎない信念を持っている。
　　b. 太郎は、考え方がガチガチだ。

(6a)も(6b)も、「太郎」に対する「考え方を容易に変えない」という描写であって、この点で真理条件的には等しいものの、(6a)では太郎を肯定的に評価しているのに対して、(6b)には否定的なニュアンスが含意されます。

同様に、次のペアでも、(7a) と (7b) を同一の意味と解釈することはできません。

(7) a.　全体としては良くできているが、細部に課題がある。
　　b.　細部に課題があるが、全体としては良くできている。

このペアにおいて、(7a) では「細部に課題がある」ことが相対的に強調され、(7b) では「全体としては良くできている」ことにウエイトが置かれています。ここには、一般に逆接関係にある2つの内容は、後ろに来るものの方が重いという傾向が働いています。教育的な観点から言えば、(7a) から (7b) への転換は、相手を傷つけないための配慮というナイーブな気配りが働いたのではないかという見方もあるかもしれませんが、本書でいう〈ものの見方〉という観点から言えば、単にお世辞という表面的な問題ではなく、対人的な配慮に動機づけられて捉え方（見方）を転換したということになります。

☞言語相対説の教育的意義

たとえ同じ事象を描く場合でも、複数の言語表現が可能であって、言語表現の違いは〈ものの見方〉を反映する。ことばは思考を可視化する。

上で挙げた〈注意 (attention)〉〈態度 (attitude)〉〈評価 (evaluation)〉といった要因は心理学の専門用語であり、対人的な〈配慮 (politeness)〉は社会言語学の用語でもあります。ここに、言語表現を媒介とする国語教育の学術的な成立基盤があるということです。

●●コラム　辞書に書いていない意味

言語表現が微妙にでも異なれば意味（＝捉え方）も異なるというのが認知言語学の意味観でしたが、同様のことは語のレベルにも言えます。まず、「男性の行方を追った」と「男の行方を追った」は、どう違うでしょうか。これだけではわかりにくいかもしれませんが、「男性」と「男」は、報道では明確に使い分けられています。次の例を見てください。

14日午前0時すぎ、福岡・築上町で「近くに人が倒れている」と通報があり、救急隊が駆けつけたところ、タクシーのそばで、男性が血を流して倒れているのが見つかった。男性は腹部を刺されていて、病院に運ばれたが、およそ1時間後に死亡が確認された。死亡したのは、タクシー運転手の60代の男性。警察が、現場から逃げた男の行方を追ったところ、付近で上半身裸の若い男を発見した。警察は、この男が何らかの事情を知っているとみて、調べを進めています。

「男性」は「血を流して倒れて」いたり、その前に「腹部を刺され」た人であって、要するに、被害者を指しています。一方、「男」は「現場から逃げた」り、「上半身裸」だったりして、警察の調査において「何らかの事情を知っている」人を指しています。一般に、報道において、「男性」は被害者または犯罪に関係していない人を指すのに使われ、「男」は犯罪行為をした人あるいは犯した可能性のある人を指すのに使われます。大雑把に言えば「男」は「悪い人」を指し、「男性」は「良い人または中立的な人」というわけですが、そのような意味の差は辞書に記述されていません。このことは、形態が異なれば意味も異なるという概念主義的な意味観が語のレベルにも言えるということを示しています。

第4節＝認知機構の中の言語

第2節で触れたように、意味の異同については2つの立場があり、次のように整理されることを確認しておきたいと思います。

概念主義＝言語の意味は人間の認知過程における〈捉え方〉であり、〈視点〉〈態度〉〈評価〉などの一般的な認知機構を含めて総合的に解釈される。表現形式の違いは意味の違いを反映するので、表現形式が違えば意味も異なる。

客観主義＝言語の意味とは現実世界における論理関係であり、他の言語外的要因とは切り離されて機械的に決定される。現実世界における論理関係が同じであれば表現形式が異なっても意味は変わらない。

概念主義は、認知言語学が立脚する立場であり、「意味とは状況に対する捉え方である」という考えをいいます。捉え方というのは、簡単に言えば「状況をどう見るか」ということで、そこには人間一般に共通する認知能力（知覚の特性）や個人レベルの経験が反映されます。表現形式の違いは意味の違いを反映することになりますので、表現形式が違えば意味も異なるということになります。これに対し、客観主義は、生成文法が立脚する立場であり、「意味とは客観的な論理関係である」という考えをいい、一義的かつ機械的に決められるとされます。もう少し厳密に言うと、命題を成立させる真理条件が意味であり、その真理条件（論理関係）が変わらない限り、表現形式が変わっても意味は変わらないことになります。

　ここで重要なのは、認知機構全体の中での言語の位置づけに関する違いです。簡略化して言えば、概念主義的な意味観では、下の図７のように知覚・記憶・経験・感情など一般的な認知機構と言語とを１つのシステムの中で考えるのに対して、客観主義的な意味観に立てば、図８のように言語を他の認知機構と切り離して扱うことになるわけです。

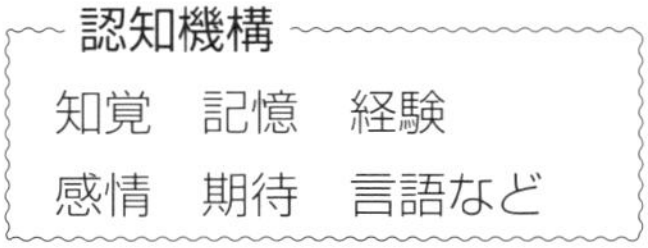

図７　認知言語学の言語観

図８　生成文法の言語観

生成文法と認知言語学の差異は、認知言語学が、図７のように、言語と知覚・記憶・感情など一般的な認知機構との互換性を積極的に認めるのに対し、生成文法は、図８のように、「言語」と「知覚、記憶、感情など一般的な認知機構」とは別物という立場をとるところにあります。一般的な認知機構というのは、知覚や記憶などをいい、生成文法では言語を他の認知機構（知覚や記憶など）と切り離して研究するのに対し、認知言語学は言語を認知装置（知覚や記憶など）の一部と位置づけ、他の認知機構との有機的な関係の中で研究します。本書は、概念主義の立場に立つわけですが、言語の運用に〈経験〉といった要因までもが関わることを例証しておきたいと思います。

具体的な事例として、次の (8) に挙げた２つの文を比べたとき、両方とも同じように自然と感じるでしょうか。

(8) a.　コルネットはトランペットに似ている。
　　b.　トランペットはコルネットに似ている。

トランペット

コルネット

コルネットというのは、トランペットと同じように構えて演奏する金管楽器で、トランペットを短くして太らせたような形をしていますが、見た目で言えば、トランペットと似ていることに間違いありません。コルネットがトランペットと似ているということは、トランペットがコルネットと似ているということですから、論理的には、(8a) も (8b) も正しいわけですが、自然な表現かどうかという点から見ると (8a) と (8b) は同じではありません。大学の授業などで簡単なアンケートを採ると、９割以上の人が (8a) の方が (8b) よりも自然に感じると答えます。というのも、(8a) はコルネットという楽器のことを言うのにトランペットを基準にして「似ている」と判断しているのに対し、(8b) ではトランペットに対してコルネットを基準にして「似ている」という判断を下しているわけで、多くの人にとって、トランペットの方がより身近な楽器であることから言えば、(8b) が不自然に感じられるのは、より身近な楽器を指すのに、わざわざ馴染みのない方の楽器を基準にして判断するところに不自然さがあるためと説明することができます。つまり、(8a) と (8b) の間の自然さの差異は、「似ている」という判断をするのに、どちらの楽器を基準に使うのが良いかという問題に帰着され、多くの人にとってトランペットの方が比較的身近な楽器であるために、(8a) を自然と感じる答えが多かったということになります。したがって、もし、トランペットよりもコルネットの方が、より身近な楽器だという人がいれば、その人にとっては (8b) の方が自然に感じることになるでしょう。いずれにしても、(8a) と (8b) の差異には、トランペットとコルネットのうち、どちらの楽器がより身近であるかという個人レベルの経験的な要因が関わっているということがわかります。このことは、言語表現の発話や解釈に〈経験〉という要因が関わっていることを示す１つの論拠ということができます。

同様のことは、次の例にも言えます。

(9) a.　藤圭子って、宇多田ヒカルの母だったんだね。
　　b.　宇多田ヒカルって、藤圭子の娘だったんだね。

宇多田ヒカルと藤圭子が親子であることは客観的な事実であり、その点で、(9a) も (9b) も情報として間違ってはいないのですが、文として表現したとき、その自然さにおいて (9a) と (9b) は同じではありません。宇多田ヒカルを比較的よく知る人が、かつて芸能界で活躍した藤圭子という歌手のことを初めて見聞きしたときであれば (9a) が自然でしょうし、藤圭子をよく知る年代の人が初めて宇多田ヒカルを見聞きしたときは (9b) の方を自然に感じられることでしょう。この事例からも、言語使用者の個人的な経験や言語外的な知識あるいは年齢といった要因が言語表現の自然さに関係することがわかると思います。

> ☞**言語の経験的基盤**
> 言語は、一般的な認知機構（視点、態度、評価など）のほか、個人的な経験とも関連しながら運用される。

第５節＝言語力についての管見

前節までで、ことばというものが一般的な認知能力の中で、心理学的な要因や個人的な経験との互換性を持って運用されるものであることを実証的に説いてきました。このことを踏まえ、教育行政から提示された「言語力」なる概念に検討を加えてみたいと思います。

初等中等教育に携わる教育関係者を除いて、「言語力」などという用語は一般には聞き慣れないものでしょうし、言語研究者にとっては、「言語能力」の不完全なもののように見えてならず、甚だ滑稽のようでもありますが、明らかに現在の教育界で重要用語の１つであることは間違いありません。それはともあれ、内容を検討すると、文科省初等中等教育局教育課程課教育課程企画室が 2008 年 8 月 16 日付で出した「言語力の育成方策について」という文書において、次のように記述されています。

(10) 言語力は、知識と経験、論理的思考、感性・情緒等を基盤として、自らの考えを深め、他者とコミュニケーションを行うために言語を運用するのに必要な能力を意味するものとする。

一読して何が言いたいかわかりやすい記述ではないものの、次の瞬間、実質的に何の情報量もないことに誰もが気づくことでしょう。(10) の中では、まず、言語力が「知識と経験、論理的思考、感性・情緒等」を基盤とすると規定されていますが、この部分が何を限定するのかについては 3 通りに曖昧です。すなわち、(ⅰ) 言語力が本来的に「知識と経験、論理的思考、感性・情緒等」を基盤とするものであるという意味か、(ⅱ)「自らの考えを深め、他者とコミュニケーションを行う」ときに「知識と経験、論理的思考、感性・情緒等」を基盤とするという意味か、あるいは、(ⅲ) その後ろの「言語を運用する」ときに「知識と経験、論理的思考、感性・情緒等」を基盤とするという意味か確定できません。その中で、(ⅰ) の意味であるなら、「言語力」が本来的に「知識と経験、論理的思考、感性・情緒等」を基盤とすることを示す根拠や論証が必要です。本書は、「言語力」がどのようなものか説明する立場ではありませんが、第 2 節から第 4 節で見たように、「言語」が「知識と経験」あるいは「感性・情緒等」と互換性があることは、すでに「言語」を扱うときの「前提」であって、あらためて明示するほどのニュースではありません。しかし、「言語」そのものが「知識と経験」や「感性・情緒等」と互換性があることを示す証左を挙げることはできても、ここでいう「言語力」がそのようなものであるとは言えませんし、「論理的思考力」を基盤とすることを証明するものがないことには注意しなければなりません。正確に言えば、言語事実が示すのは、「言語」が「知識と経験」「感性・情緒等」と互換性があるということで、前者 (言語) が後者を基盤とするという直接証拠はありません。ただ、神経心理学者の山鳥重 (『心は何でできているのか』角川学芸出版, 2011 年) が言うように、〈情〉→〈知〉のような階層を想定するとき、「言語」は〈知〉のレベルにあり、「感性・情緒等」は〈情〉のレベルにあることから、「言語」が「感性・情緒等」の上位にあり、したがって、「言語」が後者を基盤とするという帰結を導き出すことは妥当でしょう。一方で、「論理的思考」は、「言語」よりも、高度なものであり、むしろ「論理的思考力」が「言語」を基盤にして成立すると考える方が適切かと思われます。

では、「必要な能力」とは、どのような能力でしょう。結局のところ、普通に言語を使う能力でしかありません。その能力とは、話し言葉であれば、言語音を発するために肺からの呼気が正常に喉頭（のど）を通って口腔（＝口の中）から出せる力であったり、さまざまな子音を調音するために舌を自由に動かせる力であったり、書き言葉であれば、文字を読むために最低限必要な視力や、文字を書くために必要な指の筋力なのでしょうか。文部科学省の文書が求めている能力がそういうものではないとすれば、(10) において、目的と対象（ターゲット）を記述した部分に目を移すと、目的の記述には「自らの考えを深め、他者とコミュニケーションを行うために」とあり、対象は「言語を運用するのに必要な能力」となっています。この中の「言語を運用するのに必要な能力」に実質的な意味がないという本書の観点から言うと、目的設定を誤っているのは、目的と対象の混乱に関係があり、目的と対象を入れ替えることで、次のような、少なくとも意味の通じる内容に修正することができます。

(11)　言語力は、言語を道具として活用しながら、自らの考えを深め、他者とコミュニケーションを行う力を意味するものとする。

言語研究の視点から言えば、(10) のような原文通りの定義はナンセンスと言わざるを得ず、少なくとも (11) のような修正を施すならば、意味が通じるものになると思われます。さらに、〈コミュニケーションの道具〉と〈思考の道具〉の２つは別物のように見えるかもしれませんが、ヴィゴツキー（Vygotsky, 1934）が『思考と言語』の中で述べたように、〈コミュニケーション〉を〈外言（他者との対話）〉とし、〈思考〉を〈内言（自己との対話）〉とする見方から言えば、〈コミュニケーションの道具〉も〈思考の道具〉も〈対話の道具〉ということになります。ですから (11) を短く平明に言い換えるなら、次の (12) のように整理することができるでしょう。

(12)　ことばを道具として、思考する力を高め、コミュニケーションする力を高めましょう。

「思考する力を深め」るという点で言えば、数式で考えたり図形で考えたりすることも可能なわけですが、数式や図形で考えるときに比して、言語を介して考えると、抽象度の高いものを対象として取り上げることもできますし、高い精度で考察することも可能になります。(12) の形であれば、使い物になるかもしれません。ひるがえって、「言語力」を標榜する単行本や記事が多く刊行される中、(10) のような原文通りの定義に従ったままで、どのような実効があるのか疑問であります。

この「言語力」という概念が規定する目的が、そもそも社会的に必要なものかどうかは検討の余地があるとしても、現状として「言語力」が全国の初等中等学校で強調されている中で、どのような指導があり得るかを考えていくのが教育関係者の仕事ということになるわけです。本書の立場から言えることは次の第2章から第4章で例示していくこととし、ここでは簡単に考え方のサンプルを示しておきたいと思います。1つ目のサンプルとして、「夏休みの自由研究で何をしますか」という問いに答えるとき、次の (13a) のように、「○○をやりたい」という答えでもいいかもしれませんが、(13b) (13c) (13d) のような答え方と比べて、いかがでしょう。

(13) a.　夏休みの自由研究では「アリの巣作り」をやりたい。
　　 b.　夏休みの自由研究では「アリの巣作り」を調べたい。
　　 c.　夏休みの自由研究では「アリの巣作り」を観察したい。
　　 d.　夏休みの自由研究では「アリの巣作り」を実験したい。

(13a) でも「アリの巣作り」を取り上げるということが十分わかりますが、(13b) (13c) (13d) のように答えると、具体的にどのような行動をとろうとしているかを明確にすることができます。本章の第2節で示したように、言語表現が具体的になるということは、認識（理解）も明確になったということですから、(13a) と (13b) (13c) (13d) の違いは、認識（理解）のレベルの具体性に帰着されることになります。

次の例でも同様のことが言えます。

(14) a. 事実関係を確認し、今後の対応を検討するつもりです。
b. 事実関係を確認した上で、今後の対応を検討するつもりです。
c. 事実関係を確認するとともに、今後の対応を検討するつもりです。
d. 事実関係を確認する一方で、今後の対応を検討するつもりです。

(14) の各例は、2つの事象が含まれており、その2つを異なる接続表現で結んでいます。2つの事象とは「事実関係を確認する」ことと「今後の対応を検討する」ことの2つですが、この2つの事象を結ぶ接続部分（下線部）が異なることで、全体の意味も異なる点に注目してください。(14a) では「確認し」のように連用形になっているだけで、2つの事象の関係について何も明示してありません。(14b) では「～した上で」とあることから、2つの事象を2つのステップとして捉えており、段階を踏んで進めることが示されています。(14c) では「～するとともに」とあることから、2つの事象を同時進行で扱うことが示されています。(14d) は「～する一方で」とあることから、いわば二手に分かれて、対応する体制が示されていることになります。(14a) では積極的に方針を示しておらず、(14b) ～ (14d) では、それぞれ、段階を踏んで対処するのか、同時進行で対処するのか、二手に分かれるのかが示されています。このことは、決して、ことばを字面で遊んでいるのではなく、2つの事態をどう認識しているかを反映しているのであって、そうであるからこそ、具体的にどのように行動するかが明示的にわかるわけです。

☞言語力に対する批判的検討

言語は、「知識と経験、論理的思考、感性・情緒等」を基盤とするというより、それらと互換的な関係にある。言語を通して思考を深めようとするならば、言語表現を相対化することで可視的に指導することが可能になる。

以上、第1章では、言語の意味が人間の〈ものの見方〉を反映するということを例証しました。言語は、認知機構の中で他の能力から独立した特殊な能力ではなく、知覚を含む一般的な認知能力と連動します。ここに、母語教育（国語教育）が認知能力の教育として成立する理論的基盤があると言っていいでしょう。

●●コラム　言語が持つ６つの機能

構造主義言語学の時代に活躍したヤコブソン（Jakobson, 1960）という言語学者は、言語の機能として６つを指摘しました。その機能とは、①指示機能、②心情機能、③動能機能、④詩的機能、⑤交話機能、⑥メタ言語機能の６つです。

①指示機能（referential function）というのは、物事を指し示し内容を伝達する働きのことで、ことばの機能として最も基本的な働きと言ってよいかと思います。

②心情機能（emotive function）は、発信者（話者）の感情や態度を示す働きで、例えば「何をやっているんだ」というとき、発信者の怒りや呆れているような態度が含まれるとすれば、それを表すのが心情機能です。あるいは、「私は絶対認めません」という発話に強い意志が含まれるとすれば、その意思表示が心情機能ということになります。

③動能機能（conative function）とは、受信者（聞き手）への働きかけのことで、例えば「少し話し声が大きくないですか」といえば、およそ「声を小さくしてください」という働きかけを持ち、これが動能機能ということになります。

④詩的機能（poetic function）は、いわばメッセージの修飾であり、例えば、反対意見を表明するのに「太陽が西から昇っても私は反対です」といえば、単に機械的に反対を述べるのではなく、反対であることの表現が詩的に彩られています。このように言語表現に美しさや趣きなどを添える働きが詩的機能です。

⑤交話機能（phatic function）とは、いわば対人的なコンタクトの確認です。実質的な伝達内容を含まず、例えば「ちょっとそこまで」や「お世話になっています」のように、ただ相手と会話を交わすことによって、相手とつながっていることを確認する働きをいいます。

⑥メタ言語機能（metalingual function）とは、言語が言語を説明する働きです。例えば、「これは私の持論なのですが、やはり児童の実態把握と教材研究が一番大切です」という表現において、前段の「これは私の持論なのですが」という部分が、後続する「やはり児童の実態把握と教材研究が一番大切です」という部分に対して、それが自分の持論であることを説明する関係になっています。このとき「これは私の持論なのですが」を

メタ言語表現といい、言語表現が他の言語表現を説明する働きがメタ言語機能ということになります。

このように、言語の機能（ことばの働き）について概観的に示されたものを見ると、ことばの指導（教育）に見通しがつきやすくなるのではないでしょうか。例えば、自分のクラスの児童を見て、特にこの側面（機能）の向上に注力する必要があるとか、この教材ではこの側面の能力向上に有用ではないか、というような見通しを立てるのに、ヤコブソンによる６機能説は有益かと思われます[4]。

［４］　⑤交話機能を担う表現は「ファティック表現」と呼ばれます。これについては 141 ページの［コラム］を参照してください。⑥メタ言語機能については、第２章の第５節を参照してください。

第2章

ことばを認知能力との関連で考える

第1章で見たように、ことばが人間の〈ものの見方〉を反映するということは、同じ言語を使用する者同士で〈ものの見方〉も共有されているということですから、上手にことばを運用するには、〈ものの見方〉に合わせた使い方をするのが良いということがわかります。では、人間の〈ものの見方〉に合わせた使い方というのがどういう使い方なのか、以下において理論的な理由とともに説明していきたいと思います。

第1節＝類像性――人に優しい言語構造

この第1節では、記号論でいう「類像性（iconicity）」という観点から経験と言語表現との関係を取り上げたいと思います。

類像性というのは、パース（Charles Sanders Peirce）というアメリカの論理学者が提唱した概念で、およそ「記号と対象が何らかの類似関係を持つこと」をいいます。言い換えると、言語の構造が（ある程度まで）直接的に経験の構造を反映することであり、描かれる対象（状況）と言語表現の間に類似点があることを指します。このことの背景として、言語研究の歴史を振り返ると、伝統的な構造主義言語学の中でソシュール（Ferdinand de Saussure）が「言語の恣意性（arbitrariness）」を掲げて以来、どのような意味内容（所記）がどのような表現形式（能記）で表されようと全く恣意的（自由）であるという原理が受け入れられていました。その恣意性に対立する概念が「有縁性（motivation）」であり、語のレベルだけでなく、音韻や統語論（文法）のレベルでも有縁性が見いだされるようになりました。それを広く統括した概念が類像性です。

その中で最初に取り上げたいのは「順序の類像性」です。順序の類像性とは、およそ「実際の出来事の順序は言語表現の順序に反映される」というものです。次の (1) では、(1a) の方が (1b) に比して、より自然な順列と感じられることでしょう。

(1) a. 21世紀になってからの夏季オリンピックと言えば、アテネ、北京、ロンドン、リオデジャネイロですね。
b. 21世紀になってからの夏季オリンピックと言えば、ロンドン、アテネ、リオデジャネイロ、北京ですね。

時系列に並べれば、アテネ (2004年)、北京 (2008年)、ロンドン (2012年)、リオデジャネイロ (2016年) となり、この順序で (1a) は並んでいますので、(1a) の並べ方を自然と感じる人が多いと思います。ただ、経験的要因という観点から見ると、アテネオリンピックや北京オリンピックをリアルタイムで経験していない世代などで、経験レベルで順序が定着していない人にとっては、(1b) を不自然に感じないこともあるでしょう。

順序という点で言えば、時間以外の順序にも同様のことが言えます。例えば、自分に弟と妹が3人いて、その学年を紹介するとき、次の (2a) の方が (2b) に比べて、より自然な順列と感じられることでしょう。

(2) a. 私には高2の弟と中3の妹と中1の弟がいます。
b. 私には中3の妹と中1の弟と高2の弟がいます。

(2a) と (2b) は、それぞれの文に含まれる文成分は同一であり、配列の順序が異なるだけですから、論理的には情報量は等価であると言えるわけですが、言語使用者の言語理解の観点から言えば、(2a) の方が (2b) よりも自然であり、理解も容易です。その理由は自明であり、(2a) では、3人の弟妹の配列が年齢順に揃っているのに対し、(2b) では弟妹の配列が年齢から見てバラバラになっていることに求められます。つまり、文のわかりやすさに「年齢順」という言語外的 (extra-linguistic) な要因が作用しており、そうした要因を考慮すると、表現内容と表現形式の間に「より自然な関係」を見いだすことが可能になります。

類像性の観点から分析する2点目は、文の切り方に関するものです。ソシュールの言う「言語の恣意性」が正しければ、1つのまとまった内容を文レベルでどのように分割するかという問題は、表現形式（能記）と表現内容（所記）の関係ですから、全く任意（恣意的）であるということになりますが、この考えが正しくないことは、次のような事例から確認できます。

(3)　4年生は音楽室に集まってください。5年生は図書室に集まってください。6年生は多目的ホールに集まってください。

(4)　4年生は音楽室に、5年生は図書室に、6年生は多目的ホールに集まってください。

(3) も (4) も情報の量は完全に同じで、3つの事柄を含んでいますが、切り方に違いが見られます。(3) は3つの事柄を3つの文で表しているのに対し、(4) は全体をまとめて1つの文で表しています。(3) と (4) に見られる「文の切り方」は、それぞれ、次の (5) と (6) のように一般化することができます。

(5)　[A　。]　[B　。]　[C　。]

(6)　[A　、　B　、　C　。]

3つの事柄を含んだ内容を文（文章）で表すとき、(5) のように3つの文に分割する方法と、(6) のように1つの文に集約する方法が考えられるわけですが、このほかに、次の (7) のように、2つの文で表す方法もあり得ます。

(7)　[A　、　B　。]　[C　。]

(7) では、3つの事柄（ABC）のうちAとBの2つを1つの文で表し、全体では2つの文で3つの事柄を表しています。このような表現は、どのようなときに使うでしょうか。その事例として、次の (8) ～ (10) を見てください。

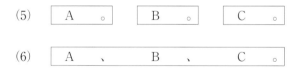

(8) 男子生徒の健康診断は10時から、女子生徒は13時から、教職員は16時からです。
(9) 男子生徒の健康診断は10時からです。女子生徒は13時からです。教職員は16時からです。
(10) 男子生徒の健康診断は10時からで、女子生徒は13時からです。教職員は16時からです。

(8) ～ (10) の例は、いずれも同じ情報量を含み、「男子生徒」「女子生徒」「教職員」という3つの事柄を含んでいます。(8) は3つの事柄を全体として1つの文で表しており、(9) は3つの事柄を3つの文で表しています。また、(10) の例は、3つの事柄を2つの文で表しており、「男子生徒」と「女子生徒」を1つの文で括り、「教職員」を1つの文で表しています。これら (8)(9)(10) の例文は、上掲の図解の (5) (6) (7) に、それぞれ対応します。このとき、(8) ～ (10) の中で直感的に (10) が最もわかりやすいように感じられないでしょうか。(10) のように3つの事柄を2つの文で表す書き方を自然に感じるのは、表面的には3つのものが並んでいるように見えても、「男子生徒」と「女子生徒」で「生徒」という1つのかたまり（カテゴリー）をなし、それと「教職員」が並列になると認識（理解）され、意味的には2つのものの並列という認識が反映されたものと説明することができます。このことから、どのような表現内容がどのような表現形式で表されようと完全に恣意的（自由）なのではなく、表現内容によって、その表現内容に相応しい表現形式があるということです。この現象は、認知言語学で言う「類像性」と呼ばれる原理に裏付けられるものです。

もう1つ事例を挙げておきます。次のペアは、(11a) も (11b) も、文の中に含まれる文成分は同一ですが、読点「、」の位置において差異があります。

(11) a. 江戸幕府の15人の将軍は全員が徳川家の親族だったのに対し、鎌倉幕府の9人の将軍は4人目から源氏でない人が将軍になった。
b. 江戸幕府の15人の将軍は全員が徳川家の親族だったのに対し、鎌倉幕府の9人の将軍は、4人目から源氏でない人が将軍になった。

(11a) は読点が1つだけで、全体として2つのかたまりでできていますが、

(11b) には読点が2つあり、全体としてかたまりが3つあるように見えます。内容としては、江戸幕府の話と鎌倉幕府の話の2つを取り上げているわけですから、(11a) の方が (11b) よりも読みやすいという傾向が見られるのは、意味的なかたまり (chunk) を形式的に保証しているためと説明できます。言い方を変えると、自分が言おうとしていることの数に合わせて読点の打ち方を考えるというのは、単に表記上の問題ではなく、内容に関する思考の整理を促すことになるわけです。ことばの教育が思考の教育になる所以であります。

☞**類像性の教育的意味**

言語表現は、表現する内容によって相応しい形式というものがある。意味（表現内容）の順序に表現形式の順序を合わせるだけでなく、意味（表現内容）の切れ目と表現形式の切れ目を合わせることが自然である。

●●コラム　チャンク化

チャンク化 (chunking) とは、かたまり (chunk) を作ることをいいます。チャンク化は、多くの場合、より小さい塊に分割することを指しますが、より大きな塊にまとめることを含めます。日常生活で言うと、電話番号を覚えるときチャンク化によって覚えやすい形になる例が挙げられます。電話番号は、10桁あるいは11桁もある数字の連続ですが、これを「○○-○○○○-○○○○」のようにハイフンで区切ってチャンク化することで、市外局番-市内局番-番号のように意味的なかたまりができますので、10桁や11桁の数字をそのまま機械的に覚えるのに比べると、相対的に覚えやすくなります。数字だけでなく、人の名前や歴史上の事件なども、いくつかの塊に分けたり、逆にグループを作ったりした方が覚えやすくなることがあります。

チャンク化は、言語の学習にも関係します。英語が全く聞き取れないときというのは、一連の音声的な流れがどのように切れるかがわからない状態であり、チャンク化できていない状態ということができます。日本語で考えると、例えば、日本語学習者にとって難しいと感じられるものに「にわにはにわにわとりがいる」というような例が挙げられます。「にわ (niwa)」+「にわ (niwa)」という印象的な音節の連続が耳に強い印象を与えるために、かえって意味の把握が困難になるという現象と説明できます。このような音連続を「庭には」+「2 羽」+「ニワトリ」+「がいる」というように切り分けることで意味が理解できるわけですが、このように切り分ける操作もチャンク化にあたります。同様に、次の例において、(ⅰ)はどこに切れ目があるか一見した限りではわかりませんが、(ⅱ)のようにチャンク化すると、おぼろげながら全体が見えてくることでしょう。

(ⅰ)　はははははははははははのはははほほほほほと笑う
↓
(ⅱ)　ははは　はははははは、ははのははは　ほほほほほと笑う
↓
(ⅲ)　母は「ははははは」、母の母は「ほほほほほ」と笑う

(ⅱ)のようにチャンク化することで、(ⅲ)のように意味を理解できるようになります。

英語でも、例えば、I think that that that that that teacher wrote on the blackboard is not necessary. という文があったとして、that が 5 つも並んでいますので奇妙に見えるかもしれませんが、区切りを加えて、I think (that) that (あの) "that" that (関係代名詞) that (あの) teacher wrote on the blackboard is not necessary. のように分析できれば、全体で「あの先生が黒板に書いたあの that (という語) は必要ないと思う。」という意味になることがわかります。

そもそも「チャンク (chunk)」というのは、「かたまり」という意味ですから、チャンク化は切り分けるという操作であると同時に、まとまりを作る

操作でもあります。英語教育ではI'mやThat'sで１つのかたまりを作るという意味でチャンク化という概念が用いられますが、日本語でチャンク化が重要になるのは読点「、」の打ち方に関する場合です。読点は、基本的に、一息で読めるところで打ちます。読点で区切るということは、まとまりを作るということであり、読点１つで２つのまとまりができ、読点２つで３つのまとまりができます。音読することで、どこに読点をつければいいか浮かび上がります。

第２節＝目で見たように文を書く

第２節では、前節での例証を踏まえ、視覚情報処理における〈視線のなめらかさ〉という観点から、言語理解におけるわかりやすさについて考察を加えたいと思います。

では具体的に、次のペアを読んで、(12a) と (12b) ではどちらがわかりやすいでしょうか。

(12) a. １人の男が原始人の格好で石製の矢を洞窟から山の方に撃った。
　　 b. 石製の矢を山の方に原始人の格好で１人の男が洞窟から撃った。

客観的に、(12a) と (12b) に含まれる文成分は、述語も名詞も助詞も完全に同一であり、(12a) と (12b) で異なるのは（述語以外の）文成分の語順だけです。それでも、両者の間にはわかりやすさに差異があり、アンケートを採ると、(12a) の方が (12b) よりもわかりやすいという答えが多数を占めます。(12a) と (12b) の間のわかりやすさの差異は、語順の違いに起因すると見なければなりません。では、(12a) の語順と (12b) の語順で、どうして理解の難易度に差異が生じるのでしょうか。そこで、(12a) と (12b) の語順を比べるため、(12a) に含まれる連用的な５つの名詞句成分に①～⑤の番号を振り、それと同じ番号を振ったまま (12b) の配列順に並べると、次のようになります。

(12) a.′ 1人の男が原始人の格好で石製の矢を洞窟から山の方に撃った
①　→　②　→　③　→　④　→　⑤
b.′ 石製の矢を山の方に原始人の格好で1人の男が洞窟から撃った
③　→　⑤　→　②　→　①　→　④

これら2つの語順のうち、(12a) の方がわかりやすいとすれば、その理由として、(12a) は主語「1人の男」が文の冒頭にあるからと考える人もいるでしょうが、(12b) の中の主語「1人の男」を文の冒頭に移動させても、(12b) は (12a) ほどわかりやすさは高くなりません。むしろ、次のような図で考える方が説得力があります。

図1

この図1には、含まれる名詞句成分「1人の男」「原始人の格好」「石製の矢」「洞窟」「山の方」が描かれており、(12a) と (12b) の語順に従って、図1を見ると、視線の動きに違いを感じることができます。すなわち、(12a) における文成分の語順は、主語の「①1人の男」から始まり、以下、「②原始人の格好」→「③石製の矢」→「④洞窟」→「⑤山の方」となっており、この順に上の図1を見ると、視線の動きがなめらかなのに対し、(12b) における文成分の語順は (12b′) の通りであり、この順に視線を動かすとランダムに近い動きになることが感じられます。このことから、(12a) が相対的にわかりやすいのは、図1の事態を視覚的に捉えたとき視線がなめらかに動くのに対し、(12b) が相対的にわかりにくいのは、視線の動きが煩雑になるためということになります。

では、応用問題として、次の事例を考えてみてください。次の図2は、ある部屋の間取り図とします。この部屋の配置を描写するとしたら、どのように表しますか。A、B、Cはテーブルで、Aのテーブルの上に、Dという低い台が載せてあり、その上にEというレターケースが置いてあるとします。

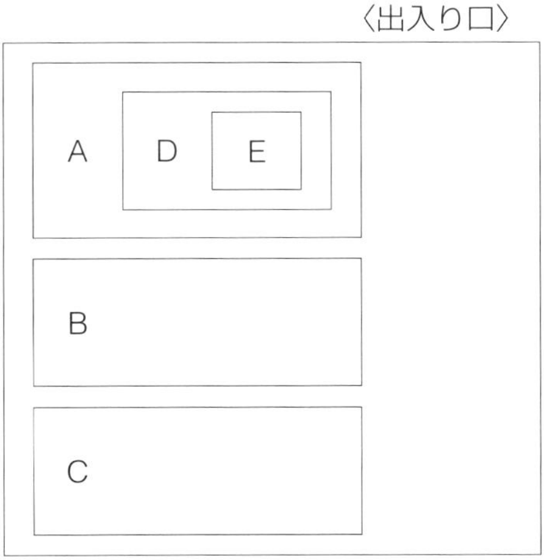

図2

大きな流れとして、A→B→Cというように3つのテーブルに触れた後で、Aに戻ってDとEに言及しますか。それとも、Aに触れたら、そのままDとEに言及し、その上で、BとCに進みますか。あまり効果的でないと思われる順序をあえて挙げるなら、最初にEに触れて、そこからD→Aと進むという可能性もないことはないでしょうが、それでは全体を捉えにくいことはわかるかと思います。知覚の統覚作用によって、細部を見ているときも全体の中でどこに位置づけられるかを考えながら知覚するものですから、まず全体を見ることが必要です。図2のようなケースで、どの順序で書くことが最善かを一般化するのは難しいことですが、少なくとも、間主観的（共同主観的）に言える基本原則を2つ挙げるとすれば、第1は〈大から小へ〉の順序が良いという点であり、第2には〈まとまったものはまとめて書く〉という原則です（この点については、第4節で取り上げたいと思います）。

ここで取り上げた〈視線のなめらかさ〉も、言語理解に作用する要因の1つではありますが、絶対的なものではありません。そこで、〈視線のなめらかさ〉以外に、どのような要因が作用するかについて、小学生と中学生およそ 150 名を対象に調べました。その調査とは、次の図 3 に対して「男の子が、どんな服装をしているか、文章で説明してください」と質問するものでした。

図 3

この図 3 にある男子の姿を、大きく［頭部］［胴部］［脚部］という 3 つの部分に分割して考えるとき、アンケートの結果、2 通りの方向性が観察されました。1 つは、上から下に一直線に描くもので、［頭部］→［胴部］→［脚部］の方向性であり、もう 1 つは、中心から周辺へ移動するもので、［胴部］→［頭部］→［脚部］の方向性です。この 2 つの順序は、それぞれ視覚的に次の図 4 と図 5 のようになります。

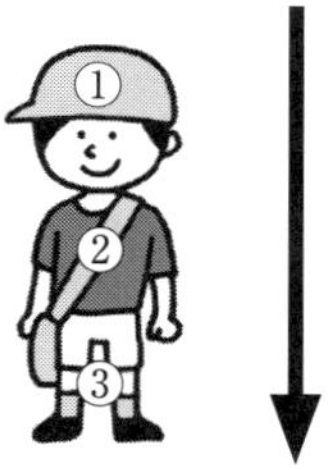

図 4

図 5

図 4 は上から下に一直線に描く方法で、図 5 は中心から上部に戻るように描く方法です。図 4 のような順序で描写された回答は、次のようなものでした。

(13)　青いぼうしをかぶっています。緑の T シャツを着ています。短パンをはいています。青いくつ下をはいています。黒いくつをはいています。青いカバンをかけています。

(14)　青いぼうし　緑のシャツ　茶色のハーフパンツ　青いくつ下　黒いくつ

(15)　帽子をかぶっています。キャップ型で色は青です。緑の半そでＴシャツと黄土色の半ズボンをはいています。くつ下は青でくつは黒です。青いポシェットを下げています。

(13)～(15)は、いずれも図４のように直線的な描写ですが、文の切り方には差異があります。一方、図５のように中心から周辺へ移動するように描写した回答は、次のようなものでした。

(16)　緑の半そでＴシャツを着て、黄色の短パンを履いています。青色の帽子とかばん、靴下をみにつけています。

(16)には２つの文があり、第１文で［胴部（中心）］を描き、第２文で［頭部］と［脚部］を描いています。

このような視覚情報を言語化するとき２つのパタンが見られたことから、その量的な分布を集計すると、次のようになりました。

表１

	頭から脚	中心から周辺
4年生	37人	10人
5年生	27人	7人
中学生	59人	14人
計	123人（80%）	31人（20%）

小学４年生・５年生を平均すると、［頭から脚］のパタンが約79%、［中心から周辺］のパタンが約21%となり、中学生では、［頭から脚］のパタンが約81%、［中心から周辺］のパタンが約19%でした[1]。

このような２つの傾向（disposition）が見られることについては、次のように分析できます。わざわざわかりにくい手順で描くようなことはしないと

［1］　表１の調査は、平成25年３月に、兵庫県明石市立大久保小学校の４年５組、４年６組、５年２組および姫路市立東中学校の２年１組、２年２組で行いました。

いう常識的な前提に立てば、みんなが描く順序が理解しやすい順序であり、その上で、間主観性（intersubjectivity）の観点から解釈すればみんなが描く順序と同じ順序で描くことは自分にとって理解処理しやすいだけでなく、他の人も同じように理解しやすいと考えてよいことになります。要するに、みんなが描く傾向に従えば、みんなにとってわかりやすいということです。

以上のことから言えるのは、〈視線のなめらかさ〉という要因は一般性が高いものの、必ずしも絶対的なものではなく、〈中心から周辺〉という別の要因が優先することもあるという傾向（disposition）でした。後者について次節で具体的に取り上げます。

☞言語と視覚の相同性

言語が視覚と関連し合うとの立場から言うと、〈一直線的な描写〉や〈中心から周辺〉という書き方は、視覚的な傾向に合っている限りにおいて、受け入れられやすいことが期待できる。

第3節＝空間から時間への次元拡張

第3節では、不可視的な時間次元を理解するのに可視的な空間次元を通して理解するという隠喩的写像の原理を導入します。

ここでいう隠喩的写像の原理というのは、空間次元で成り立つ関係が時間次元でも成り立つようになるというものです。この観点から、前節で導かれた2つの方向性（パタン）を時間次元に反映させると、例えば、日本史でいう「関ヶ原の合戦」に関する時系列を描写するとき、次のような2つの順序が想定できます。

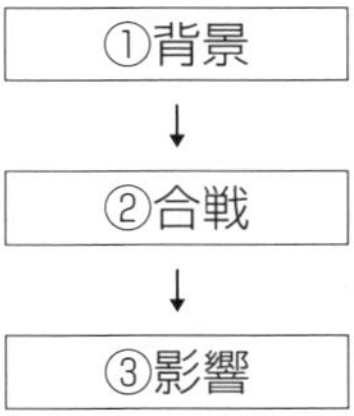

図6

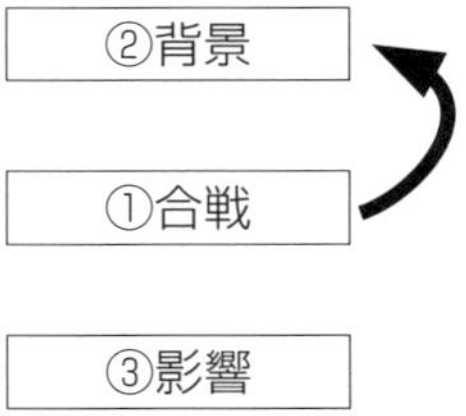

図7

図6は空間次元の図4に対応して〈頭（はじめ）から脚（終わり）〉の順序で時系列通りに述べるものであり、図7は図5に対応して〈中心から周辺〉に述べるものです。

いま、関ヶ原の合戦の経緯について、図6のように叙述すると、次のようになります。

(17)　豊臣秀吉が存命中から、石田三成らの文治派と加藤清正や福島正則らの武断派による内部対立が存在していたが、1598年に秀吉が没すると、その対立が表面化する。両者の仲裁役となる形で豊臣政権を支えてきた前田利家が1599年に死去すると、その直後、武断派の7武将による石田三成暗殺未遂事件がおき、徳川家康の仲裁で三成は助けられるが、この事件で三成は五奉行から失脚する。一方で、徳川家康の影響力は強大なものとなり、家康は1600年、各地の大名家に年賀の挨拶を求めるが、上杉家が反発したため、1600年6月に徳川家康が上杉征伐に出発すると、7月に石田三成が徳川討伐の挙兵を宣言する。そして、1600年9月、西軍（石田三成）と東軍（徳川家康）が関ヶ原で戦って東軍が勝利する。その結果、天下人だった豊臣家は領地を減らして65万石の一大名となり、家康は天下人としての立場を確立して、3年後に征夷大将軍となって幕府を開くこととなる。

このような順で描写した場合、たしかに時系列には忠実ではありますが、肝心のポイント（下線部）が出てくるまで時間を要します。これに対し、〈中心から周辺〉への順序であれば、冒頭で一番大事なことが出てくるという点で、情報伝達の観点から言えば効果的ということが言えるでしょう。ただ、〈語り〉という観点から言えば、物語性（narrativity）が失われることも見落としてはなりません。したがって、一般論として、物語性が重要な小説においては〈中心から周辺〉の展開は相応しくないように思われますし、逆に、〈中心から周辺〉の展開は予想を裏切るという意味で高度な小説技巧と言ってよいかと思います。

時間次元において〈中心から周辺〉という順序での叙述法が重要なのは、実生活の中で求められる場面があるからにほかなりません。実際の生活の中で言えば、例えば、病院での初診の際、医師から「どうしましたか？」と問われたとき、次のような発話が観察されます。

(18)　背中から腰のあたりが痛いんです。一昨日の夕方からです。立ち上がろうとする時に激しい痛みが来ます。

冒頭で、下線部のように現状（中心的な情報）を挙げ、経過はその後に述べることで、情報の伝達に効率性が求められる病院という文脈での要請に合致しています。

もう１つ事例を挙げるなら、新聞記事にも小見出しで短く中心的情報を述べるスタイルが見られます。

(19)　与野党首脳会談が決裂：事態の打開を図って水面下で折衝が進められてきたが、双方の隔たりは大きく、合意には至らなかった。これにより国会の審議は実質ストップすることとなった。

冒頭で下線部のように中心的情報を述べた上で、その後で経緯を述べるという順序は、ニュース原稿でも、よく観察されます。

言うまでもなく、時間次元における〈頭から脚〉のパタンと〈中心から周辺〉のパタンは、常に言い換え可能というほど同義的なものではありません。それぞれに適切な使用環境が考えられるべきであって、大きく言えば、〈頭から脚〉のパタンは物語性を要するときに発動され、〈中心から周辺〉のパタンは情報伝達の効率を要するとき発動されます。そのような動機づけを考慮に入れることなく、〈中心から周辺〉のパタンに指導が偏重することは、運用上の誤りと言わなければなりません。

☞空間から時間への拡張

空間次元で見られた〈一直線的な描写〉や〈中心から周辺〉という知覚把握の特性は、時間次元にも敷衍する。

第4節＝大から小の原則

日本語で住所を書くとき、基本的に、都道府県→市町村→町（区）→番地の順に書きます。例えば、「東京都文京区本郷 3-21-10」という住所では、「東京都」→「文京区」→「本郷」→「3-21-10」のように〈大きい単位〉から〈小さい単位〉へ進みますが、この順序は、徐々にズームインするように並べられていることがわかります。

このように〈大きい単位〉から〈小さい単位〉へとズームインするように並べるということは、知覚的に探索を容易にする過程にも見られます。例えば、2005 年にユネスコの世界遺産に登録された知床《しれとこ》の場所を探索するのに、まず、大きく「日本」を捉え、その中の「北海道」にズームインし、その中に「知床」を見つけ出すというプロセスを経ることで、知床の位置を適切に理解することが可能になるわけです。

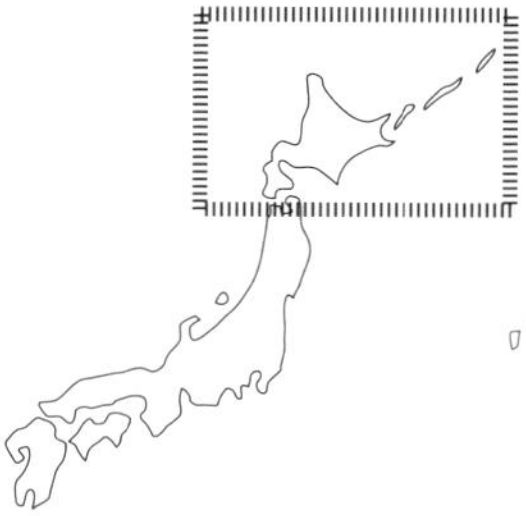
図8

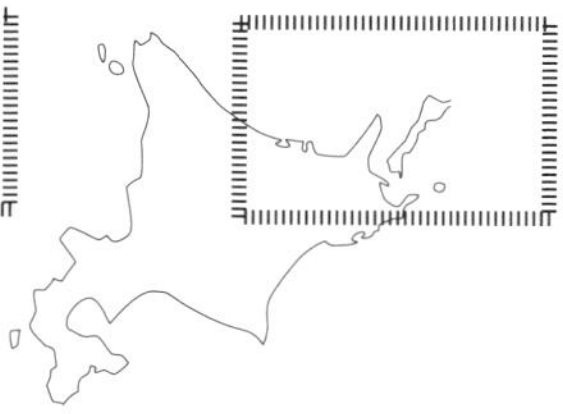
図9

図10

日本国外の人ならば、世界地図の中で「日本」の位置を確かめるところから始めなければならないかもしれませんが、日本の位置がわかる人にとっては、図8から順に、図8→図9→図10 のように進むわけです。

一方、欧米では、番地→通り名→市→州の順に書き、〈小さい単位〉から〈大きい単位〉に書きますので、ズームアウトするように並べられていることがわかります。日本式のズームイン式と欧米式のズームアウト式のうち、どちらが効率的かという問題はあまり意味はありません。両方の方式があるということを認めた上で、客観的な効率の問題ではなく、間主観的（共同主観的）な慣習の問題として見たとき、日本人にとっては、〈大きな単位〉→〈小さな単位〉のズームイン式に慣れているということはできると思います。

英語でも面白い現象が指摘されています。アメリカのラネカー（Langacker, 2001: 13）という言語研究者は、次のような例で〈大きい単位〉から〈小さい単位〉への連続的な探索機構を説明しています。（20）の各例には、前置詞のついた場所表現が4つ含まれ、英語の規範的な文法に従えば、（20a）のように並べるのが通常の語順ですが、（20b）のように、逆から並べる変則的な並べ方も成立するというものです。

（20） a. Your camera is on the top shelf, in the closet, in the bedroom, upstairs.

b. Your camera is upstairs, in the bedroom, in the closet, on the top shelf.

一般的な英文法の用語でいうならば、前置詞のついた部分は後ろから前を修飾することになっていますので、（20a）のように、文頭の主語「カメラ（camera）」の場所を言うのに、文末から「2階（upstairs）」にある「寝室（bedroom）」の「押し入れ（closet）」の中にある「一番上の棚（top shelf）」という順番で修飾されます。これに対し、（20b）のような順番で述べられるのが「入れ子場所構文（nested locative construction）」と呼ばれるユニークな構造で、前から順に、「2階」→「寝室」→「押し入れ」→「一番上の棚」と描写されており、前から徐々に範囲が狭くなっていることがわかります。（20b）は、規範的な文法規則を破っているといってもいいのですが、そうしてまで、（20b）のような語順が成立するのは、知覚的な特性に合っているためと説明できます。

この構造の特徴は、第1に、基本的に〈大きい単位〉から〈小さい単位〉へ進むということであり、第2に、大から小へと進むのに連続性を持つという点です。1点目の〈大きい単位〉から〈小さい単位〉へのズームインについては上述した通りですが、2点目として連続性が重要なのは、例えば、（20）のケースで「2階」の直後に「一番上の棚」が来てもスムーズに理解できないということであり、丁寧に「2階」→「寝室」→「押し入れ」→「一番上の棚」のように項目が連続的に並ぶことが重要ということです。

逆に、〈大きい単位〉から〈小さい単位〉への原則を意図的に破ることも可能ではあります。すなわち、〈大きい単位〉を示すことなく、いきなり〈小さい単位〉から入るという描写も可能であって、具体的には、「山路を登りながら、こう考えた」（夏目漱石『草枕』）や「石炭をば早や積み果てつ」（森鷗外『舞姫』）などのように、場所や時間に関する場面設定がないまま、局所的な出来事や個人の行動あるいは独白から始まるような小説もあるわけです。いま、ノーマルな〈大きい単位〉から〈小さい単位〉への描写を次の図11のように表すとすると、唐突に〈小さい単位〉から始まる描写は図12のように表されます。

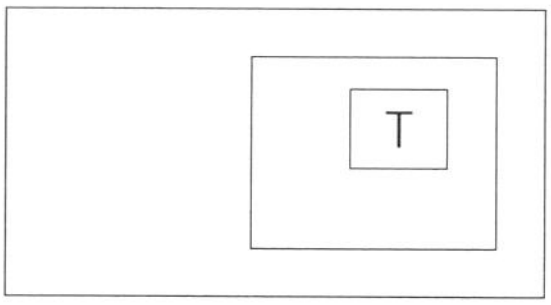

図11

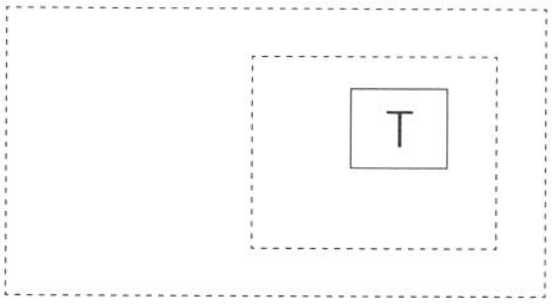

図12

左の図11に従えば、幾重に場面設定が与えられることで、探索のターゲット（T）へのアクセスが容易なのに対し、右の図12では、ターゲット（T）の空間的・時間的な位置づけが明示的でないために解釈が不安定になるという情報伝達上のデメリットを持つ反面、その後の物語展開に期待をさせるという心理的な効果が指摘できます。図12のような描写は、文豪級の小説家だけでなく、一般の人でも可能なことで、例えば、「その日は、朝から、とても忙しかった」のような1文で始まる文章は、たしかに、続きを読みたくなるような効果を持つでしょう。その場合でも、図11のように書く方がわかりやすいということを理解した上で、意図的に図12のような描写ができるように意識する必要があります。というのも、無自覚に図12のような描写を書くようになってしまうと、読み手にとって理解しやすいように書くという大原則がないがしろにされる危険があるからです。この点で、図12のような描写は、ある意味で高度な文章作成技術ということを理解しておく必要があると思われます。

☞**慣習的な知覚の特性**

言語が視覚と関連し合うとの立場から言うと、〈大から小〉の傾向も広く慣習化されており、言語表現にも有効と言える。

第5節＝メタ認知とメタ言語

近年、学校現場の先生方の間にも「メタ認知（metacognition）」という用語が広く知られるようになりました。メタ認知というのは、もともと認知心理学の概念で、「認知していることを自覚的に認知すること」を言います。もう少しわかりやすく言い換えると、「自分が何を見ているか何を考えているかについて自分で意識すること」となります。ちなみに、研究史を振り返ると、メタ認知という概念そのものは決して新しい考えではなく、1970年代後半から見られるものだそうです。

概念体系の観点から言うと、メタ認知は、「メタ記憶」「メタ注意」「メタ言語」などの総称的な概念で、タンマーとボウイー（Tunmer and Bowey, 1984）では次のような体系が掲げられています。

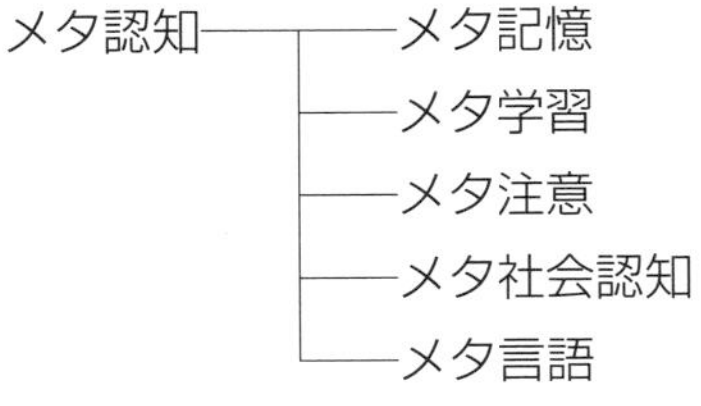

図13

今日的な研究水準から見れば、ここに、「メタ知覚」「メタ思考」「メタ理解」も含めて考えなければなりません。その上で、メタ認知に含まれる下位概念について簡単に説明しておきます。

まず、メタ知覚は、見るという行為や聞くという行為をメタ的に知覚することです。例えば、非常に大きな声で話す人がいて、その声が必要以上に大きいようなとき、「この人の声は大きすぎるから、もう少し声を小さくして話すべきだ」とか、逆に、小さな声でしか話さない人に対して「声が小さすぎて聞こえないから、もっと大きな声で話すようにする必要がある」という観察ができるようになることがメタ知覚能力の例にあたります。音声の知覚についてメタ的に知覚しているからです。そうした観察を児童（生徒）が自分のこととして受け入れ、自分の言語行動を自覚的に修正できるように導くことが、メタ知覚に関する指導者の目標になるわけです。なお、大村はまは、『大村はま国語教室　第13巻　国語学習のために』（筑摩書房, 1983年, 363頁）で、「自分の話していることばを聞きながら話すようにするとじょうずになります」と書いていますが、これを現在の視点から言えば、大村はまはメタ知覚を促していると解釈できます。

メタ記憶は、要するに「記憶のための記憶」であり、例えば、数学で√２の近似値（1.41421356）を覚えるのに「ひとよひとよにひとみごろ」と覚えたり、円周率3.141592653に「さんてんいちよん＋異国に婿《むこ》さん」という記憶法を覚えることがメタ記憶にあたります。日常生活で買い物に出かけるとき、「文具店で３つ、本屋で２つ買う」というように買うべきものの「名前」そのものの代わりに、「数」を覚え込むことで、買うべきものを思い出しやすくするのもメタ記憶の例にあたります。

メタ理解は、自分がどれくらい理解しているかを理解することで、「授業で○○はわかった。でも、△△は難しかった」ということを自分で理解できることがメタ理解ですし、ギリシャの哲学者ソクラテスが、「自分が何も知らないということを私は知っている」という意味で述べたという「無知の知」も、現代的な用語で言えば「メタ理解」を説いたフレーズということができます。なお、上述のように「メタ認知」は「メタ知覚」「メタ思考」「メタ理解」などの総称ですが、教科教育でいう「メタ認知」の用法を見る限り、「自分の理解を理解すること」に特化した意味で使われており、その意味で、下位概念としての「メタ思考」や「メタ理解」という用語を使うべきところにも、上位概念である「メタ認知」という総称が用いられている点が気になるところです。

メタ思考は、考えることを考えるというもので、日常の中で言えば、「こんなこと考えても仕方ない」とか「もっと前向きに考えよう」というものもメタ思考にあたります。

メタ注意は、注意することに関する注意です。ここでいう注意というのは、心理学で言う注意（attention）のことで、「いくつかの対象のうち、１つまたは少数のものに意識を焦点化し、集中させる心理作用」を指します。簡単に言うと、「どこを良く見るか（気にするか）」ということです。そうすると、例えば、「もっと気をつけなきゃ」とか「全体を俯瞰《ふかん》的に見渡すことも大切だ」という注意がメタ注意ということになります。

ところで、教科教育や教育心理学において、メタ認知は、その機能を高く認めているようで、例えば、三宮真智子（1996）がメタ認知を「高次」な心理作用とうたっており、心理学の分野でも海保博之（2005）が「（メタ認知ができるかどうかは）ヒトとサルを分ける」と言っているように、ヒトに固有の高次の心理作用と考える向きも多いようですが、こういう見方は正しくありません。ヒト以外のものにもメタ認知が認められるとの報告もあり、藤田和生（2010）によれば、メタ理解はイルカにも見られるようです。それに対して、メタ認知の中でも、メタ言語は人間にしか見られず、したがって、むしろ、メタ言語こそ人間に特有の高次の認知的営みと言えるでしょう。メタ言語（metalanguage）というのは、他の表現を補足的に説明する表現であり、簡単に言うと「ことばを説明するためのことば」と考えてかまいません[2]。例えば、次の（21）に挙げた「したがって」のような接続詞のほかに、（22）～（24）のような例を挙げることができます。

（21）　大雨警報が出ました。したがって、今日は休校です。
（22）　深く読むというのは、例えば、「最大30％割引」という表示を見て「30％以上は安くならない」と理解することです。
（23）　野菜の価格が下がっているようだが、別の観点から言い換えると、農家の人の収入が減ってしまうということだ。
（24）　繰り返しになりますが、授業は何を教えるかを明確にして臨まなければなりません。

（21）の「したがって」や（22）の「例えば」は、それぞれ直後に来る表現に対して〈前の表現から導かれる帰結〉や〈前の表現の言い換え〉であることを説明しており、主張したい事柄そのものではありませんので、典型的なメタ言

［2］　メタ言語（metalanguage）は、言語学ではヤコブソン（Jakobson, 1956, 1980）によって重要性が知られるようになりました。なお、訳語としては、一般に、そのまま「メタ言語」と訳されますが、「超言語」「高次言語」「説明言語」などと言われることもあります。

語ということになります。(23) の「別の観点から言い換えると」や (24) の「繰り返しになりますが」も、それぞれ直後に来る表現を説明するメタ言語ですが、ここからわかるように、メタ言語は語 (word) のレベルのものだけではないということです。(23) や (24) のメタ言語は、語の数で言えば1語ではありませんから、複数の語からなる句（フレーズ）として扱われなければなりませんし、「これが結論である」のようなものになれば文 (sentence) のレベルの表現ということになります。さらに言えば、演劇のナレーションもメタ言語に含めるため、それらは文章 (2つ以上の文からなるもの) ということになります。いずれにしても、メタ言語は「接続詞」とか「つなぎことば」という範疇に属するものでないことはおわかりいただけると思います。

では、メタ言語の効用を例示する文章を1つ紹介したいと思います。次の文章は、「英語教育は必要か」というテーマで大学生が書いた小論文の一部です。

私は小学校英語に反対です。その理由を3つ挙げる。

まず、小学校に英語教育を導入しても子どもたちの英語力が上がることにはならないということです。日本の今の教育方法が変わらない限り、授業時間を増やしても子どもたちの学力は上がらない。

次に、他国の言語について考える前に、母国語について考えるべきです。言語教育でまず重視されるのは、英会話力でもなく、母語での論理的思考力です。

最後に、教師の負担が大きくなるということです。教科が1つ増えると、教材の開発や準備などの時間も増えてしまう。今まで教えた経験のない教科であるということになると、教材の準備の時間は延びるでしょう。

以上の理由から、私は小学校で英語教育を実施することに反対です。

大学生が書いたものとしては表現が未熟に見える部分もあるものの、それでも全体の構成が明瞭なのは、メタ言語の効用にほかなりません。上の文中でゴシック体になっている部分がメタ言語であり、文頭の「その理由を3つ挙げる」によって、取り上げられる項目の数が明示され、段落の冒頭に掲げられた「まず」「次に」「最後に」の３つによって、その段落が３つの理由のうちの何番目であるかが示されているために、どこで何が書かれているかが一義的にわかります。実際、ゴシック体になっているメタ言語だけを見て、全体の流れをつかむことも可能です。

メタ言語は、言語情報の中の背景的な側面であって、前景的な内容を補足的に説明する働きを担うものですから、極端に言えば、メタ言語は、仮にそれがなくても言語情報の伝達内容には大きな影響を与えない非必須的な情報という側面も持ちます。そのようなメタ言語であっても、思考や発話を間接的に促すという効果があります。児童（生徒）に対して「具体的に言いなさい」というときに、その代わりに「『例えば』で話し始めてごらん」というアドバイスで児童に「例えば」とつぶやかせることで、児童の中で具体例の探索が始まることが期待できますし、理由を挙げさせたいときに「『なぜかというと』ではじめてごらん」というアドバイスで児童が「なぜかというと」とつぶやく中で、理由の探索が始まることが期待できます。

文章の冒頭でメタ言語として「理由を３つあげる」と書いたとき、その記述を見直すことは、「本当にその３つでいいか」「他にはないのか」「カットした方がいいものはないか」などと考える機会を設けることであり、「順番はいいか」「３つの理由の関係は大丈夫か」といった点を考えるよう促す機会になります。ここでいう「関係」というのは、例えば、３つの理由が完全に並列という関係、あるいは、２つが事実関係で１つが背景的情報という関係などが含まれます。メタ言語が配置されていれば、本編を修正する前に、メタ言語レベルで検討することが可能になります。

☞メタ認知の教育的意味

①自分が見たり聞いたりすることに対して自覚的に見たり聞いたりすることをメタ認知というが、教室で活用されているのはメタ理解であることが多い。

②メタ認知能力のうち、言語活動に直接関係するのはメタ言語であり、メタ言語の活用によって、言語表現の理解が操作的に整理できる。

第６節＝メタ言語能力

初等中等教育で日本語を扱う「国語科」という授業が行われている一方で、広く社会人一般に対しても日本語力向上の必要性が説かれることがあります。そのような指摘によると、「日本人でも日本語力をつけなければならない」あるいは「英語も必要だけれども、日本語を使いこなせるようにすることが先決だ」とあります。事実、大学の中に、日本人学生に対して日本語表現を扱う授業を設定しているところがあるのも、そのようなニーズを反映したものでしょう。日本語力を磨かなければならない日本人というのは、大学生や新卒の社会人だけでなく、マスコミ関係者、政治家など、およそ実社会で生活する人すべてが対象になると言っていいと思います。では、ここでいう「日本語話者に必要な日本語力」というのは、国語科で中心的に扱われているような、登場人物の心情を理解することや、自分自身を肯定的に表現する自己実現力を指しているのでしょうか。

ひるがえって、学校に目を向けて、日本語話者たる日本人児童に「国語」としての日本語を教える意味は何かと問えば、当然、社会生活の中で支障のない力をつけることが第一目的であり、この点で他の教科も変わりはありません。ただ、日本語話者たる日本人児童を対象とする以上、「不自由なく日本語を使えようにする」では目標設定になりません。そこで、学習指導要領では、「適切に」とか「豊か」といった修飾語をつけて価値を見いだそうとするのですが、実は、その「適切」とか「豊か」であるかどうかを自覚的に理解する能力こそが母語話者に必要な能力であり、実社会ですべての人に必要な日本語力（母語力）と軸を一にするものなのです。

第１章の第３節で挙げた例で言えば、(3) ～ (7) のペアで、それぞれ (a) の文と (b) の文の、どちらが「より適切」かを深く考えることは、発話の意味や思考の対象を総合的に考えることであり、それ自体、思考を深める認知的営みとして意味があることです。何より重要なのは、そもそも同一の状況に対して複数の表現が可能であることを知り、実際に、複数の表現を作ることができ、その中からベストあるいはベターと思われるものを選べるようにすることです。

このような感覚の発動は、認知科学で「メタ言語能力（metalinguistic

ability)」と呼ばれる能力に帰着されます。メタ言語能力というのは、「言語を自覚的に運用する力」のことで、メタ認知能力の下位カテゴリーに位置づけることができるものです。簡単に言えば「ことばについて意識化して考える力」と言ってもいいでしょう。具体的には、人前で自分のことを「俺」と呼んでよかったのかどうか、あるいは「見れる」という言い方は正しいのか（いわゆるラ抜きことば）を自覚的に考える力がメタ言語能力の一例であり、英語教育や日本語教育では以前から注目されている概念です。ここでいう「メタ言語能力」と、第5節で取り上げた「メタ言語」との関係について補足的に説明すると、「メタ言語能力」は「メタ言語を使いこなす能力」というより、それより広い「（言語能力に対する）メタ的な言語能力」を指すものであります[3]。

メタ言語能力向上の指導を児童に対して図るのであれば、まず教員自身が自分自身の発話に対しても他人の発話に対しても敏感でなければなりません。敏感であるというのは、児童が使っていることばが適切かどうかがわかることであり、それに対して直接対応できるということです。もちろん、小学校の教室でも、すでにメタ言語能力を向上させる指導は実質的には行われていると思います。声の大きさや速さ、話す内容の順序立て、詳しさ、敬語法など、自覚的に児童が修正や検討をしているのであれば、それはメタ言語能力の発動と言っていいでしょう。ただし、その際、「より適切」なものを選択できるよう、別の言い方を自分で用意できるようにしなければなりません。

ここでは、メタ言語能力を高めるための手法を1つ導入したいと思います。メタ言語能力を高めるには、他人の言語運用に敏感になることです。自分の言語表現を自覚的に是正するというのは難しいことですが、それに比べれば他人の言語表現を是正する方が取り組みやすいからです。まず、他人の言語表現を観察し是正すべき点に気づくようにトレーニングしながら、そこで磨かれた観察力を自分の言語表現に向けるというのが合理的なように思われます。メタ言語能力を高める目的で、あえて問題のある表現（間違った表現）を挙げ、じっくり考える機会を与える方法の1つとして、多義文を取り上げ

[3] メタ言語能力については、大津（2004: 67）などでも繰り返し強調されているものであり、母語習得においてホーキンズ（Hawkins, 1984）が指摘した「ことばへの気づき（language awareness）」と呼ばれるものと考えてかまいません。

てみたいと思います。多義文は、１つの文で意味解釈が２つ以上できてしまうもののことです[4]。

では、具体的な例を挙げてみましょう。

(25)　あのチームは頭が良い。

(26)　ジャイアンツに勝ってほしい。

(25) で描かれている「チーム」が、ダンスの演技をしているところであると仮定しましょう。そうすると、そもそも「頭」という語（名詞）が多義語であることから、文全体もいくつかの意味で解釈することが可能になります。まず、「頭」を「①思考力」の意味で解釈すれば、チーム全体が優秀な人たちということになりますし、「②集団のリーダー」の意味で解釈すれば、メンバーの中で「チームの主将」が素晴らしかったということになります。また、「頭」には「③始まりの部分」という意味もありますので、ダンス演技の最初の部分（だけ）が良かったという意味にもなります。さらに、やや極端ではありますが、「頭」を文字通りの意味で解釈すれば、演技の中で「④頭部」の動かし方が良かったという意味にならないこともありません。(26) については、ドラゴンズ（中日）とジャイアンツ（巨人）の試合について述べている文であるとすると、一見、「ジャイアンツが（ドラゴンズに）勝つ」ことを期待する意味のようにしか見えないかもしれませんが、全く逆の「ジャイアンツに（ドラゴンズが）勝つ」ことを期待する意味にもなります。専門的には、(25) の多義は、「頭」という語そのものが多義であることに起因する点で「語彙的多義文」と呼ばれ、(26) は、どの語も多義語でもなく、文の中のつながり方が複数あり得ることに起因する点で「構造的多義文」と呼ばれます。

語彙的多義文と構造的多義文のうち、語彙的多義文は、結局、語そのものの多義性に帰着されますから、辞書で語の多義を調べれば複数の解釈を見いだすことは比較的容易ですが、構造的多義文は、（文脈を考慮に入れながら）文の構造がどのようになっているかを考えなければなりませんので、語彙的多義文の解釈よりも難しいと予想されます。そこで、多義文が決して特殊なものではなく日常の言語表現の中に散見されることを感じてもらう意味も込

［4］　ここでいう多義文は、第５章の第４節で取り上げる「心の理論」とも関連し、「他人の解釈は自分と同じとは限らない」ことを自覚的に理解する練習という意味合いもあります。

めて、もう少し構造的多義文を例示しておきたいと思います。次の文で練習してみましょう。

(27) 太郎は次郎と三郎の見舞いに行った。
(28) もはや俺に勝てる相手はいない。
(29) 友達にどの服が似合うか聞いてみた。
(30) 花子はクラス委員に指名されて挨拶しました。

以下に、解答（解説）を述べますが、まずは自分で説明を考えてみてください。

まず、(27) にも 2 つの意味があり、1 つは「太郎と次郎が 2 人で三郎の見舞いに行った（太郎＋次郎→三郎）」という意味で、もう 1 つは「太郎が 1 人で次郎と三郎の 2 人のところに見舞いに行った（太郎→次郎＋三郎）」という意味です。このとき、「2 人で」「1 人で」「2 人のところ」のような数量詞表現を入れると、多義を解消させることが可能です。(28) も、全く逆の 2 つの意味を持ちます。1 つは「誰にでも勝てる（一番強い）」という意味で、もう 1 つは「誰にも勝てない（一番弱い）」という意味です。このような正反対の意味で多義になることもあるのです。(29) も 2 つの意味になり、1 つは「（自分が着る服について）友達に意見を聞いた」という解釈で、もう 1 つは「友達に似合う服について（誰かに）意見を求めた」という解釈です。最後の (30) も、「指名されて」の部分に 2 通りの解釈が可能で、1 つは「花子」が「クラス委員」になったことを受けて挨拶をしたという解釈で、もう 1 つは、クラス委員である別の児童（生徒）から名指しを受けて（当てられて）挨拶することになったという解釈です。1 つ目の解釈では「花子＝クラス委員」ですが、2 つ目の解釈では「花子≠クラス委員」ですから、全く意味が違います。こうした全く異なる解釈が同じ表現になってしまうことに少し驚きながら、それを見いだして、書き換えられるという能力は、現実社会の中で不可欠な国語力と言っていいと思います。

実は、多義文には、語彙的多義文と構造的多義文のほかに、第 3 のパタンとして文脈的多義文と呼ばれるものがあります。文脈的多義文は、語が多義だから全体で多義になるのではなく、構造的に複数の結びつき方があるために多義になるものでもなく、語も構造も多義的ではないのに、文脈によって複数の解釈が生じるものをいいます。次の例を見てください。

(31)　今月、おもしろい映画やっているんですけどね。

これが一般の人の友人同士あるいは恋人同士での会話なら「おもしろい映画が上映している」という意味になるでしょうが、芸能人がテレビで話しているときの発話であれば「おもしろい映画を撮影している」あるいは「映画の撮影に出演している」という解釈になるでしょう。

このような多義文を取り上げる意味として、２つの点を指摘することができます。第１は、文の意味を文脈や背景の中で解釈する基礎的訓練です。多義文の解釈を通して、文脈（誰がどのような場面で話しているものか）を考える意識を高めることが期待できるでしょう。第２は、自分の書いた文が多義である可能性の自覚を促すという意味です。自分で書いた文が多義になっているかどうかは、自分では気づきにくいことですが、他人の書いた文として提示された多義文で練習することで、自分が書いた文に対しても多義の可能性に敏感になることが期待できると思われます。他人（読み手）の立場に立って自分の文章を考えるというのは、こういうことではないでしょうか。日常的な普通の表現も２つ（以上）の意味で読めてしまう可能性があることを知れば、誤解を回避するため、「この話に関して相手がどれくらい知っているか」を考えなければならないことに気づくでしょうし、気づかなければなりません。これこそが（相手のことを考えるという意味での本当の）相手意識であって、相手の知識状態を考え、それに合わせて情報量を調整することができれば、高度のメタ認知能力を身につけたと言っていいでしょう。多義文は、現実に体験する言語活動の１つであって、文法の時間に文法として教えるものではないのです。

☞**多義文を取り上げる意味**

文の意味が複数ある可能性を理解し、それを読み解く力を持つとともに、自分の発話が多義になっている可能性を自覚する。

つけ加えますが、多義文の解釈は、もちろんメタ言語能力の一部にすぎません。ほかに挙げるならば、方言に関する言語感覚もメタ言語能力に入れていいでしょう。同じ地域に住んでいる人同士であれば方言（俚言《りげん》）を使って話しても何ら問題ないのですが、自分の居住地域を離れたときには方言（俚言）に対して敏感になる必要があるからです。重要なのは、自分が使っている日常語彙の中で、どれが方言なのか、他の地域に出たときに通じない表現は何なのかという現実問題についての理解と自覚であり、それこそメタ言語能力なのです。メタ言語能力の観点から言えば、方言の学習は必ずしも感傷的に温かさを味わうものではなく、自分が使っている日常語彙の中で何が特異的な方言（俚言）で、他の地域に出たときに言い換えなければならないものが何なのかを冷静に理解することになっていくわけです[5]。

●●コラム　同語反復

メタ言語能力の向上のため他人の言語運用に敏感になる練習として、多義文のほか、同語反復（tautology）も有用かと思われます。具体的な例として、次の（ｉ）～（iv）のような用例に対し、何か違和感を覚えることがないか問いかけてみましょう。

練習

（ｉ）むかし、山の奥に年をとった女のお婆さんが１人で住んでいました。
（ii）日本の小学校の先生の数は約 41 万人くらいです。
（iii）夏休みに子どもだけで遠くへ行くときは親の許可がかならず必要です。
（iv）この問題は、あまりにも難しすぎると思います。

最初の（ｉ）の例では「年をとった女のお婆さん」の部分に重複表現が見られます。言語研究の専門用語では同語反復といいます。「お婆さん」は通常「年をとった」ものであって、しかも必ず「女」ですから、要するに「年をとった」と「女の」は不要です。（ii）の例でも、同様に「約 41 万人くらい」に同語反復が見られます。「約」と「くらい」は同じ働きをしていますから、どちらか一方だけで十分です。３つ目の例では、「かならず必要」という表

［5］　一般に、「方言」とは各地域に特徴的な表現や音韻現象を挿すと理解されていますが、方言学的には「俚言」という用語が用いられます。

現が不適切であることに気がついてもらいたいところです。「かならず」は漢字で書けば「必ず」ですから「必要」の「必」と重複します。（iv）の例では「あまりに」と「すぎる」が重複しています。いずれの用法も、誤法の部類に入ります。

その上で、大人向けの練習として次のような例を挙げることができます。

練習

（ｖ）先週末に行った世論調査によると、与党が提案する選挙制度改革について賛成派が先月の調査に比べてやや増え過半数を超えた。

（vi）食品の安全性に対する信頼が揺らいでいる中、食品の品質や安全性についても、正しい知識・情報に基づいて自ら判断できる能力が必要となってきている。（中央教育審議会「食に関する指導体制の整備について」答申案より）

（vii）ワールドカップ東京大会第１日目の今日、２種目で世界新記録が誕生しました。

（viii）（教職員定数について）これまで各学校ごとに配当されていた定数を市町村ごとに配当する。

最初の（ｖ）の例で問題になるのは「過半数を超えた」で、「過半数」は「半数を超える」ことですから、その「過半数」を「超える」という表現は論理的におかしいことになります。（vi）の例では「判断できる能力」に注目してください。「能力」というのは「できる力」のことですから、「できる能力」は意味的に重複しており、単純に「判断する力」で十分です。（vii）で気がつくべきは「第１日目」の部分で、「第」も「目」も順番を表しますから、「第１日目」は順番を表す表現が重複しています。「第１日」か「１日目」が正規の表現です。ちなみに、「第１日目」が余剰表現なのと同じ理由で、「第１回目」も正しい表現ではないことになります。（viii）は文部科学省のホームページにあった文章の一節ですが、「各学校ごと」に注意が必要で、「各」と「ごと」を両方つけるのは正しくありません（これでは「Mr. ジョンソン氏」というのと同じです)。「各学校」か「学校ごと」で十分です[6]。

●●コラム　規範の相対性

人がどう言語を運用するかという点から言うと、ことばが正しいかどうかというのも簡単な問題ではありません。例えば「負けず嫌い」という言い方がありますが、どういう意味でしょうか。ふつう「負けることが嫌い」という意味で使われていますが、語の作りをよく見ると、「負けず」とあって「負け」ではありません。もし、「負けることが嫌い」という意味であるならば「負け嫌い」となっていそうなものですが、現実には「負けず嫌い」であり、これでは「負けないこと(=勝つこと)が嫌い」という意味になってしまいます。実は、現在の「負けず嫌い」という言い方は、間違った形であり、本来は「負け嫌い」とか「負ける嫌い」でした。実際、夏目漱石の「坊っちゃん」では「負け嫌い」と書かれています。それが、「負けず嫌い」という「間違った」形になったのは、「食わず嫌い」という言い方に「ず」が含まれていることの影響で、本来なら必要のない「ず」が「負け嫌い」の中にも入ってしまった結果、「負けず嫌い」という形ができたと言われています。意味的には180度反対の形でありながら、「負けず嫌い」が「負け嫌い」として使われているのは、その語の構成とは無関係に、実勢として確立していることに帰着される問題です。

同様に、「許可なく複製を禁じる」という言い方も、よく見ると変な構造をしています。この中で「許可なく」は何を修飾している(どの語にかかっている)でしょうか。一見すると「許可なく」は「複製」にかかっているようにも見えますが、文法の観点から見ると、「許可なく」が「複製」を修飾するとは言えません。というのも、「許可なく」というのは連用形ですので用言(動詞・形容詞・形容動詞)を修飾することはできても、「複製」という名詞(体言)を修飾することはできないからです。もし「複製」を修飾しようとすれば「許可なき」という連体形でなければならないはずです。では、「許可なく」が何を修飾しているかと言えば、「禁じます」しかありません。そうすると、「許可なく」+「禁じます」となり、これでは「自分が(権

---

[6]　メタ言語能力についての事例として、第4章の第4節に挙げたインタビュー記事の解説も参照してください。また、言語表現が正しいか正しくないかの相対性については、次の[コラム]も参照してください。

限もないのに）勝手に禁じている」ということになり、滑稽な日本語になってしまいます。論理的に正しい関係を作ろうとすれば、「許可なき複製を禁じる」とするか「許可なく複製することを禁じる」となるところです。

もう 1 つ、故事成語として知られる「孟母三遷」も、論理的におかしいところを含んでいます。「孟母三遷」の「孟母」というのは孟子の母のことで、孟母が子ども（孟子）のために引っ越しを繰り返したという逸話から、「孟母三遷」は子育てにおける環境の大切さを説いた故事とされています。孟母三遷によると、最初、墓地のそばに住んでいたとき孟子が葬式の真似を始めたため、市場のそばに引っ越したところ商売の真似を始めてしまい、今度は学校のそばに引っ越したところ勉強に励んだという話です。これは実話でないという説もありますが、それはともかく、孟子たちが引っ越したのは何回でしょうか。〈墓地のそば〉→〈市場のそば〉→〈学校のそば〉と転居したわけですから、引っ越したのは 2 回だけです。この限りにおいて、正しくは「二遷」であって、「三遷」というのは間違っているように見えます。この逸話に対して、「三遷」という言い方をするのは、引っ越しという「行為の回数」ではなく、引っ越しに関係した「場所の数」を数えているためという分析もありますが、表面的には論理的に間違った表現であるにもかかわらず、ほとんど違和感なく使われているのも、実勢の力ということになります。

第3章

人はことばをどう学ぶか

この章では、人が言語を習得するときの基本原理を紹介し、国語教育との接続を探りたいと思います。国語教育は、英語教育（外国語活動）と異なり、第二言語（外国語）そのものを教える語学ではありませんが、子どもが第1言語を習得するときのメカニズムを知っておくことは国語教育にとっても有益だろうと思います。

第1節＝ことばの学習に関する2つの考え方

さて、人は、ことばをどのように覚えるのでしょうか。この問題は、哲学の分野でも探求の対象とされてきた大きなテーマであり、一般に「合理主義（先天説）」と「経験主義（後天説）」という2つの思想的な対立として知られています。「合理主義（rationalism）」は、概念は初めから人間の脳に埋め込まれているという立場をいうのに対し、「経験主義（empiricism）」は、人は生まれたときは白紙の状態（tabula《タブラ》 rasa《ラサ》）で、概念は環境の中で経験を通して習得されるという立場をいいます[1]。

合理主義も経験主義も、現代の言語研究に思想的な影響を与えました。合理主義の影響を受けたのは生成文法（generative grammar）と呼ばれる研究

［1］　このtabula rasaというのはラテン語で「削られた板」を意味する表現です。tabulaは英語のtable（板）のことで、rasaは英語のerase（文字を削り取る）につながり、全体でtabula rasaは「削られた板」となり、すなわち、「何も書かれていない白紙の状態」を表す比喩として用いられるものです。

パラダイムで、生成文法の指導者チョムスキー（Noam Chomsky）は、デカルト的な合理主義の立場から生得説をとり、子どもは生まれながらに、すべての言語を超越した極めて抽象的な文法を持っていると仮定し、この文法を「普遍文法（Universal Grammar）」と名づけました。チョムスキーにとって、言語の獲得とは、普遍文法（UG）が具体的な個別言語として実際に発現することであり、このシステムが、有名な「言語獲得装置（language acquisition device）」です。合理主義によれば、人間は生まれながらにして十分な理解力と正しい知識が備わっているということになっていますので、「一度１つの語の使い方を覚えると、その語と同じ使い方の語も使えるようになる」と考えていいことになります。

一方、経験主義は、部分的に修正を受けながら、認知言語学という研究パラダイムや認知心理学に引き継がれました。具体的な事例が経験的に蓄積されることで次第に一般性の高い概念が形成されるメカニズムは、「スキーマ（schema）」という概念を用いることでうまく説明できるといわれます。スキーマというのは、対象について持っている概念的な知識をモデル化したものであり、平明にいえば、「パタン」ないし「鋳型」のようなものです。

ここで、上述の研究史の中の２つの流れを整理しておくと、およそ次のようになります。

［古典哲学的背景］	合理主義	経験主義
	↓	↓
［現代の言語理論］	生成文法	認知言語学
	↓	↓
［理論的道具立て］	言語獲得装置	スキーマの援用

左側の系列は、古典哲学の合理主義の考え方が言語研究における生成文法に引き継がれ、理論的道具として言語獲得装置が想定されるという流れを示しています。一方、右側の系列は、古典哲学における経験主義を背景にしながらも、一部に生得的な能力を認めることで「経験基盤主義（experientialism）」という新しい立場を提唱し、スキーマを援用することで言語獲得を説明しようとする流れを示しています[2]。

［２］「経験基盤主義（experientialism）」というのは、レイコフ（Lakoff, 1987）という言語学者が

認知言語学的なスキーマ理論は、第二言語習得としての英語教育や日本語教育で頻繁に援用されるようですが、国語教育でも有用ではないかと思われますので、次節以降で国語教育への適用を試みたいと思います。

> ☞**認知言語学と生成文法**
>
> 合理主義の哲学観に基づく生成文法が言語獲得装置を仮定し、言語の生得性を主張するのに対し、(経験主義を修正した)経験基盤主義的な哲学観に基づく認知言語学は一般的な認知能力との関連の中で言語の獲得を説明しようとしている。

第2節＝スキーマとは何か

「スキーマ(schema)」というのは、対象に関する知識をモデル化したものであり、経験事実の蓄積を通して一般化された「知識のパタン」のようなものをいいます。スキーマという概念自体は、1970年代から認知科学の分野で用いられている用語であって、決して新しいものではありませんが、ここでスキーマを導入するのは、理解や学習のメカニズムを可視的に説明するのに有用と思われるからです[3]。

認知言語学的なスキーマの考え方によると、スキーマ理論に基づく概念形成の過程には3つの段階が見られ、次のように図示することができます。

提唱した考え方で、経験主義が知識のすべてが経験を通して後天的に獲得されると考えているのに対し、認知言語学は、一部に生得的な能力を認める点に特徴があります。一部の生得的な能力には、身体を通して外界を理解する力、カテゴリー化する力、スキーマを運用する力などが含まれます。

[3]　スキーマという語は、およそ「図解・構図」のような意味で、心理学的には「心理的な描写」のような意味を持っています。英語で読めば「スキーマ」で、ドイツ語やフランス語で読むと「シェマ」となり、ピアジェなどの著作では「シェマ」と訳されていると思いますが、「スキーマ」も「シェマ」も元は同じものと考えてかまいません。強いて言えば、「シェマ」という言い方は、特に発達心理学において乳幼児の認識発達について言うときに用いられるのに対し、「スキーマ」は認知心理学や言語研究で大人を含めた人一般について使われるという点を挙げることができるでしょう。

②スキーマの形成

↑ ↓

①個別事例の蓄積　③新しい経験への適用

図１

まず、①個別の具体的な経験がいくつも蓄積され、②そこから共通部分を抽出しながら一般性のあるスキーマが形成され、③そのスキーマを新しい経験へ適用するという３つの段階です。

１つ例を見てみましょう。〈イヌ〉というものを理解する過程は、具体的な事例を経験することを通して進行します。私たちは、経験の中で、近所のイヌや玩具のイヌなどを見て、そこに何らかの共通点（類似点）を見いだすことによって、無自覚的ながらも〈イヌのスキーマ〉を作ります。そこで経験される個別の事例には、例えば、「シェパード」「秋田犬」「チワワ」「ゴールデンレトリバー」のようなさまざまな種類が含まれるほか、玩具のイヌが含まれるかもしれないし、絵本のイヌが含まれるかもしれませんが、そのような多様性によってスキーマに個人差が生じることを認めるわけです。いくつもの経験の蓄積を通して形成される〈イヌのスキーマ〉には、〈全体の容姿〉〈顔の様子〉〈鳴き声〉〈習慣的行為〉などのポイントが含まれます。もう少し具体的に言いますと、〈全体の容姿〉は、およそ多くの人が頭に描くような四つ脚で、〈顔の様子〉は、面長で鼻が突き出て大きな耳を持っているという内容が想定されます。〈鳴き声〉についても、経験する個別事例によって個人差があるものの「ワンワン」や「ウー」のような値が含まれ、〈習慣的行為〉として「ものの臭いを嗅ぐ」や「電信柱に小便する」などが含まれます。その上で、ある動物を見たとき、知識の集合としてのスキーマを発動することで、それがイヌなのかどうか判断することになります。さきほどの図１にならって、〈イヌのスキーマ〉の形成過程を簡略化して図示すれば、次のようになります。

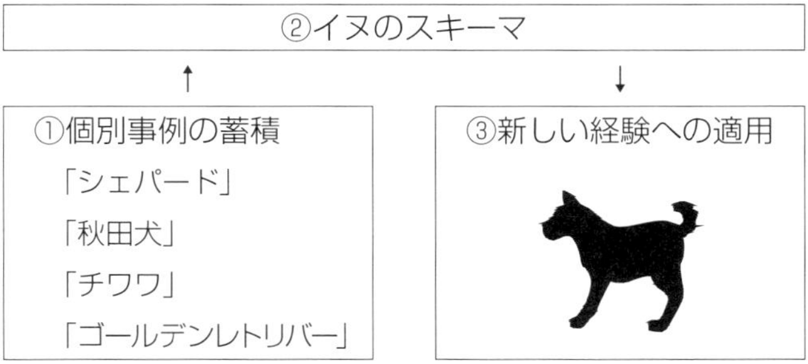

図２

実際、街で四つ脚で歩く動物を見たとき、それが「ワン！」と吠えて、電信柱に小便をしていたら、はじめて見る種類の生き物であっても、それを「イヌ」と認識するというのがスキーマによる概念形成の第３段階ということになるわけです。

では、ここでスキーマに関する一般的特徴を整理しておきたいと思います。認知心理学者のラメルハートとオートニー（Rumelhart and Ortony, 1977）は、スキーマについて４つの特徴を挙げています。すなわち、①変数を持つ、②階層構造を持つ、③具体性（抽象度）に幅がある、④百科事典的な知識を表す、という４つです。

まず、①のように、スキーマは変数を持つことにより、完全に同一でないものも１つのスキーマで扱うことができます。例えば、〈イヌ〉のスキーマについて、次のような内部構造を想定することができます。

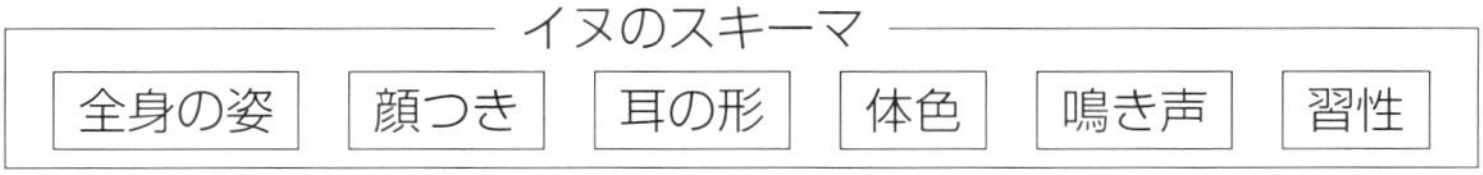

図３

〈イヌ〉のスキーマの中で特に注目する項目として〈全身の姿〉〈顔つき〉〈耳の形〉〈体色〉〈鳴き声〉〈習性〉を挙げるとき、これらの項目を専門用語で「スロット（slot）」と言います。〈イヌ〉のスキーマが変数を持つというのは、〈全身の姿〉〈顔つき〉〈耳の形〉〈体色〉〈鳴き声〉〈習性〉などにおいて、すべて同じではなく、複数の値があり得るということです。〈顔つき〉でいえば、ダックスフントのように細長い顔のものもあればチワワのように丸い顔のものもあり、〈耳の形〉もピンと立っているものもあれば垂れているものもあります。〈体色〉も、白や黒や茶色などさまざまです。もちろん、〈脚の数〉であれば、基本的に値は「4」ですから、このスロットについては定数（固定的）ということになりますが、スキーマが変数を持つということは、完全に同じ事例でなくても１つのスキーマに収斂されるということであり、それだけの柔軟性をスキーマが持つということであります。

２つ目に、「階層構造を持つ」ということは、知識の体系性を反映したものです。例えば、〈イヌ〉のスキーマには、次の図４のような簡単な階層構造を想定することができます。

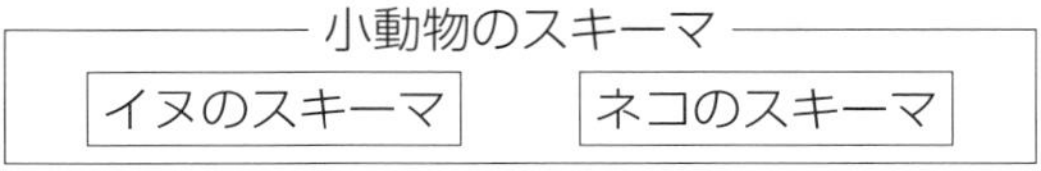

図４

つまり、〈イヌ〉のスキーマは〈ネコ〉のスキーマと並列的に扱われるもので、簡略化して言えば、その上位に〈小動物〉が置かれるという関係になります[4]。ただ、言語獲得過程の観点から言うと、子どもは、はじめから正常なスキーマを作るとは限らず、発達の途中段階では間違ったスキーマ構造を持つことがあります。例えば、図４の階層構造が不完全な子どもは、〈イヌ〉のスキーマと〈ネコ〉のスキーマが混然となって、四足の動物を一括して「イヌ」と呼んだりするケースも見られます。通常、そのような混乱は一時的なもので、成長に伴って正常な体系が獲得されていくものです。

３つ目に、「具体性（抽象度）に幅がある」ということは、具体的なスキーマから抽象的なスキーマまで階層があり、異なる階層に属するスキーマの共存を認めるということです。上の例では、〈イヌ〉スキーマの上位に〈小動物〉のスキーマを想定しましたが、その上には〈哺乳類〉のスキーマがあり、その上に〈動物〉のスキーマが想定されるでしょうし、逆に、〈イヌ〉のスキーマの下位には〈チワワ〉のスキーマのようなものが想定でき、概略、次のような階層を想定することができます。

---

［4］　生物学（分類学）的に言えば、「イヌ科」と「ネコ科」の上位概念は「ネコ目」ということになりますが、ここでは学術的な厳密さよりも、経験的な慣習を優先させ、上位レベルのスキーマに〈小動物〉という仮称を与えておきたいと思います。

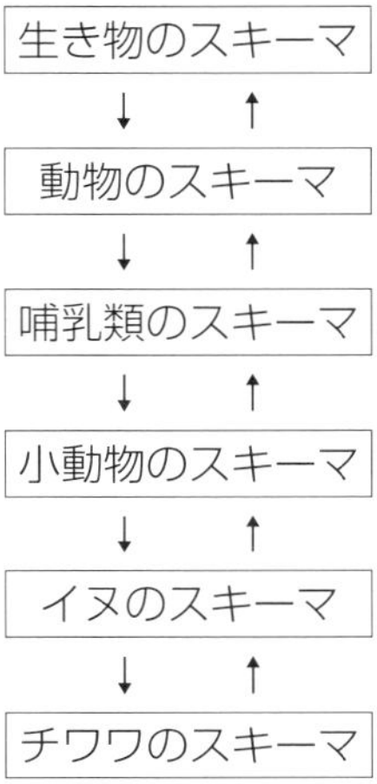

図5

理論の効率性という観点から言えば、上位のスキーマを想定すれば、それを少しずつ特定化することで、下位のスキーマを自動的に導き出すことができるという考えも成り立ちますが、図5のように、さまざまなレベルのスキーマの共存を認め、スキーマの知識が冗長になってもいいというのがスキーマ理論の考え方です。

4つ目に、「百科事典的な知識を表す」ということは、定義ではなく知識を表現することを意味します。例えば、〈イヌ〉のスキーマには、〈顔の形〉〈耳の形〉〈尻尾の形〉〈習性〉〈体色〉といったスロット（項目）だけでなく、一般に飼い主に忠実であるといわれるとか、番犬・盲導犬・警察犬として使われるといった特色もスキーマの中にあっていいことになっています。この点と関連してつけ加えておきたいのは、スキーマの内容は必ずしも文や文章で表現できなければならないというわけではありません。実際、ことばで表現できなくても、知識として身についているものもあり、例えば、「自転車の乗り方」に関する知識は、自転車に乗れる人でも、体の動かし方やハンドルのバランスのとり方など、ことばで説明できるものではありませんし、ことばで言い表せないからといって自転車の乗り方を知らないわけではありません。このように、ことばで言い表せなくても体感的に知っている知識を「暗黙知（tacit knowledge）」といいます。「暗黙知」は、ポランニー（Michael

Polanyi, 1966）というハンガリーの科学者が提唱した概念で、いわば「体が覚えた知識」であり、ことばで表現できないからといって知識がないわけではないことを示したものであります。スキーマの内容には「暗黙知」が含まれていいと考えてかまいません[5]。

☞**言語学習とスキーマ**
スキーマは、経験的な知識を一般化して蓄積するモデルであり、理解や学習のメカニズムを可視的に説明するのに有用とされる。

第3節＝帰納的学習と演繹的学習

学習というもののスタイルを考えるとき、いくつかの分類が知られています。学習者の形態に着目すれば、〈個別学習〉〈小集団学習（グループ学習）〉〈一斉学習〉という分類がすでに実際の教室で運用されていますし、教授法に着目すれば、〈プログラム学習〉〈問題解決学習〉〈発見学習〉などが挙げられるでしょう。プログラム学習は、アメリカの心理学者スキナーが行動主義の立場から提唱したモデルで、少しずつ学習者に提示されるように学習内容を細かく分割し、学習しやすいように配列されたプログラムをいいます。問題解決学習は、アメリカの哲学者デューイが経験重視の教育哲学に基づいて提唱した学習理論で、学習者の生活体験から問題を見つけ、その解決方法を主体的な経験を通して習得させようとする学習法をいいます。発見学習は、アメリカの心理学者ブルーナーが提唱した理論で、仮説の設定と検証を通して現象の背後にある法則や原理を自ら発見する学習法をいいます。学習すべき対象を法則や原理とすることで、個人レベルの生活経験に左右されがちな問題解決学習の欠点を補おうとするものと言えます。このほか、命題的知識を記憶するという知識転移的な学習法に対し、レイヴとウェンガー（Lave and Wenger, 1991）は社会的活動に参与することを通して知識や技能を習得する〈状況的学習（situated learning）〉という概念を提唱しましたし、現在の小中学校で、〈体験学習〉や〈調べ学習〉などの諸手法が適宜用いられているこ

[5] 暗黙知に対して、通常の知識は、「形式知（explicit knowledge）」と呼ばれ、ことばで説明できる客観的・理性的な概念や論理をいいます。

とは知られている通りです[6]。

ここで取り上げるのは、〈演繹的学習（deductive learning）〉と〈帰納的学習（inductive learning）〉です。演繹的学習は一般規則を与えられ、個別の事象に応用する学習をいうのに対し、帰納的学習は個別の事象から自分で（法則性を見いだし）一般化を試みる学習をいいます。演繹的学習と帰納的学習は、それぞれ次の図6と図7のように図解できます。

図6　演繹的学習

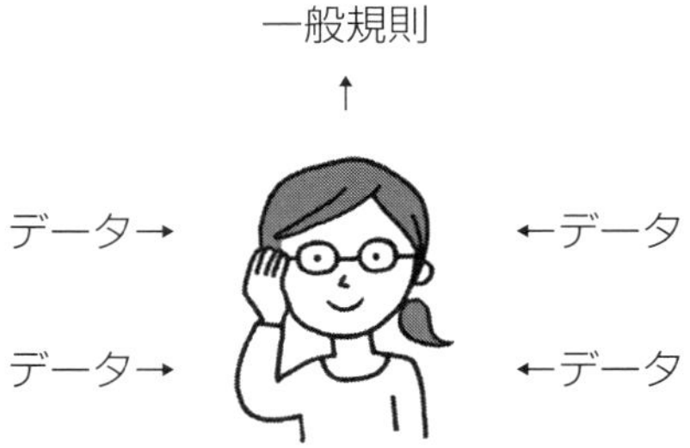

図7　帰納的学習

図6と図7の中にある矢印の方向の違いに注目すると、演繹的学習は〈規則から事例〉に応用するもので、帰納的学習は〈事例から規則〉に一般化するものであることがわかるでしょう。両者を比べるとき、図6のように一般的な原理を先に与えてから個別の事例に応用する演繹的学習の方が、図7のように個別の事例を提示した後で一般的な原理を見いだそうとする帰納的学習より効率的であることは明らかでしょう。それでも、帰納的学習は2つの重要な側面を持ちます。すなわち、（i）一般化する力を向上させること、（ii）発見的な思考を体験することという2つの効果を持ちます。その上で、帰納的学習を実践するにあたって留意しなければならないこととして2点を挙げるならば、第1に、指導者は、児童・生徒に提示する語やフレーズを適切に選択する必要があります。第2に、提示された素材からスキーマを形成させるにあたって、指導者は支援者としての役割が大きくなることです。方法論的には、児童・生徒の間でディスカッションの時間をとることも効果的でしょうが、議論が散漫にならないよう、必要に応じて指導者は軌道修正に目

[6]　さらに、第3章の第6節で取り上げる〈協働学習〉と〈模倣学習〉を加えることも可能です。

を光らせていなければなりません。帰納的な思考の流れとしては、①特徴の抽出、②一般化、③洗練化という３つの段階を持つといいます。すなわち、①まず共通する特徴を探し出し、②そこから一般化を試みながら、③その一般化を調整して、より適切な一般化を求めようとするというプロセスからなります。

では、帰納的に一般化する事例をいくつか挙げたいと思います。第１問は、次の表の中で、Ａグループと Ｂグループの熟語は、どのような観点で分けられているでしょうか。

Ａグループ	Ｂグループ
幸福　出発　建築 巨大　教育　歓喜 奪取　販売	有無　往復　裏表 増減　軽重　上下 売買

これは比較的自明に近いかもしれません。Ａの熟語は意味の近い漢字２つでできているもので、Ｂの熟語は反対の意味の漢字２つでできている熟語ということになります。このケースでは、一般化を答えとして求めるより、むしろ、ＡグループとＢグループそれぞれの仲間を挙げることの方が効果的のように思われます。Ａグループの仲間として「行動」「悲哀」「婦女」「河川」「絵画」などが挙げられるでしょうし、Ｂグループの仲間は「男女」「生死」「大小」「遠近」など、Ａグループより多く見つけることができると思います。

では、第２問です。次のペアはどうでしょうか。

Ａグループ	Ｂグループ
勇気	勇敢
親友	親切
濃縮	濃厚

この段階でわかってしまう人もいるでしょうが、３つずつでは一般化（法則性の発見）は難しいということであれば、例えば、次のようにいくつか事例を追加します。

Ａグループ	Ｂグループ
勇気	勇敢
親友	親切
濃縮	濃厚
無名	**有名**
人気	**ポピュラー**
高値	**高価**
古典	**古風**
忠心	**忠実**
巨体	**巨大**

当初３つずつの語しか提示されていなかった段階では難しかったかもしれませんが、それぞれに６語ずつ追加していく中で、徐々に、一般化に導いていこうとするのが帰納的な学習法ということになります。こういうプロセスを経て、「Ａグループは『の』をつけて使い、Ｂグループは『な』をつけて使う」という解答が出れば、それは正答ですし、別の言い方として「Ａグループは名詞で、Ｂグループは形容動詞」というのも正答であります。一般化の様式は、多少の個人差を認めることができますので、特定の表現でなければならないという強い制約はありません。ただし、もし「ＡグループのガＢグループより意味が広い」という解答が出た場合、それは満足できる答えではありません。

このようなスキーマ形成を促す帰納的学習において、指導者が注意すべき点を２つに整理すると、第１に、指導者は、最初から一般規則を与えることをせず、基本的に学習者のスキーマ形成を（間接的に）支援する立場に立つことです。第２に、指導者は、必要に応じて（良質な）データを補給しつつ、正常なスキーマ形成を（間接的に）誘導します。ただし、極端な限定的データから強引に一般化させないよう配慮することです。第２問の例でいうと、「人気」と「ポピュラー」のペアを追加的に提示するとき、Ａグループの「人気」が漢語なのに対し、Ｂグループの「ポピュラー」は外来語ですから、語種が違うという点で特異な事例になりますので、提示するタイミングとして、冒頭で提示するのではなく、中盤以降でなければならないという配慮が必要になることに気がついてほしいものです。また、数量的に事例を増やすだけでなく、着眼点を示唆するような質的なアドバイスを与えることも有益です。第３問で言えば、「それぞれの語の前か後ろに何かがつく」というようなアドバイスで、観点が絞られ、そこに注意を集中させることが可能になります。

帰納的学習は、国語科に限りません。第３問として、九州地方の「県名」と「県庁所在地」に関する次の対応表から、何が言えるでしょうか。

九州の県名	福岡	佐賀	長崎	熊本	大分	宮崎	鹿児島	沖縄
県庁所在地	福岡	佐賀	長崎	熊本	大分	宮崎	鹿児島	那覇

この表からわかるのは、沖縄を除くと帰納的に「県名と県庁所在地の市名が同じ」という一般化です。それが理解できると、九州地方については「県名」を覚えれば「県庁所在地」を自動的（演繹的）に導き出すことができます。このような一般化ができれば、沖縄を除く九州について県名がわかるのに県庁所在地の市名がわからないということは起こらなくなると期待できます。

このような帰納的学習により、学習者は、１つの事象で帰納（一般化）と演繹（応用）の両方向で推論する力を育成することが期待できます。学習者が一般規則を自力で見いだすことができるようになると、次に演繹的学習を促すことで、新しいものへの応用が可能になり、スキーマ形成における両方向の学習をカバーすることになります。このことが重要なのは、帰納と演繹の両方の思考ができるようになることであり、具体と一般の間を自由に行き来できるようになるという点です。

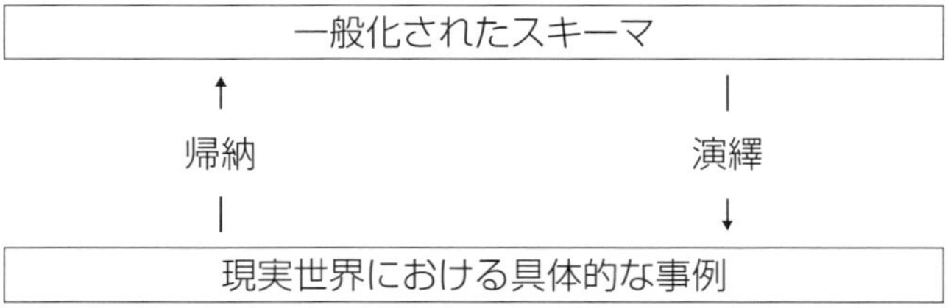

図８

一般と事例を自由に往復できることは、極めて重要です。具体論だけではまとまりがありませんし、一般論（抽象論）だけでは実りがありません。具体論と一般論がかみ合わなければ、さまざまな障害を生みますが、その１つは、掲げた目標があまりに抽象的なとき、その目標を達成できたかどうか評価できないという事態が起きることです。極端な例を挙げれば、仮に「世界の平和と人類の幸福」を目標に掲げても、具体的に「世界の平和と人類の幸福」を判断する尺度がない限り、その目標の達成度を評価することができません。同様に、よく言われるような「豊かな心」であるとか「子どもが輝く」と言っても、それを評価できないのは、そもそも掲げた目標が抽象的すぎることに帰着されます。目標を掲げる以上は、達成度を評価できなければならず、そのためには具体性を伴うものでなければなりません。

１つの練習問題として、小学校で扱う内容で言えば、次の漢字から共通点を導くという試みを挙げることができます。

サンズイの意味

↑

「海」「池」「港」「波」「湖」「流」

図９

２つの学習法のうち、先に「サンズイのつく漢字は水に関係する」という一般規則を教えてから、具体的にサンズイのつく漢字を取り上げて説明するのが演繹的学習なのに対し、まずはサンズイのつく漢字をいくつか提示して、説明しながら「サンズイのつく漢字は水に関係する」という一般規則を導き出すのが帰納的学習ということになります。「サンズイのつく漢字は水に関係する」という一般規則がわかると、提示した漢字のほかに、「深」「浅」「清」「注」「油」「泳」「満」「浴」「源」「汽」なども「水」と関係していることがよくわかるようになり、帰納的学習を踏まえた上で演繹的学習に進むアプローチは、より大きな効果が期待できます。

ただし注意すべきことは、典型的でない事例は、積極的には用いずに、一般化した後で補足的に説明するという点です。サンズイのつく漢字のうち、典型的でない漢字というのは、例えば、「決」「漢」「活」「済」などのように直接的に水と結びつけるのが容易でないものです。このうち、「決」は「堤防を破って水が流れ出すこと」を表しているものだそうで、「漢」というのは、「川の流れる国（民族）」を表している点で水との関係を見いだせます。「活」は「水が自由に流れる様子」を表し、「済」は「川を渡り終える」ということで、そこから「終わる」とか「助かる」の意味が読み取れるわけですが、いずれも、直接「水」と結びつけにくいことから、一般化のための題材として積極的には用いないことが良いとされます。

もう１つ練習問題を挙げるとすると、次の作品を物語の構造という観点から見たとき、どのような共通性が見いだされるでしょうか。

『うみへのながいたび』（1年）
『わすれられたおくりもの』（3年）
『ごんぎつね』（4年）
『大造じいさんとガン』（5年）
『わらぐつの中の神様』（5年）
『川とノリオ』（6年）

教師にとっても気づきにくいことかもしれませんが、これらの作品は、いわゆる「額縁構造」を持っています。「額縁構造」というのは、大きな物語（ストーリー）の中にもう１つの物語（ストーリー）が埋め込まれているものをいいます。最も典型的な姿としては、大きな物語の記述が全体の冒頭と末尾にあり、それに挟まれるように別の（小さな）物語が記述されるという形になりますが、作品によっては、大きな物語の記述が全体の冒頭部だけにあるものや末尾にだけあるものもあります。冒頭にだけ「額縁」を持つ作品に『ごんぎつね』があり、「これは、わたしが小さい時に、村の茂平というおじいさんから聞いたお話です。昔は、わたしたちの村の近くの、中山という所に、小さなおしろがあって、中山様というおとの様がおられたそうです」で始まりますが、この部分がメインストーリーに対する「額縁」にあたります。逆に、末尾にのみ「額縁」を持つ作品に『わすれられたおくりもの』や『うみへのながいたび』があります。

このような額縁構造を持つ作品を巨視的に捉えることができるようになると、さらに他の作品にも同様の構造を持つものがあることに目を向けることが可能になります。具体的に、馴染みのある作品を挙げれば「オズの魔法使い」や「今昔物語」があります。「オズの魔法使い」では、全体の冒頭と末尾だけカンザス（＝現実の世界）が舞台になっており、その中間部分がオズの国（＝夢の世界）になっています。「今昔物語」では、個々の説話の冒頭に「今は昔」とあり、ほとんどの場合、末尾が「となむ語り伝えたるとや」で終わっていて、そこに挟まれた部分に個別のストーリーが埋め込まれる形になっています。夏目漱石の「夢十夜」では、額縁としての「こんな夢を見た」で始まり、その後の内容が「額縁の内側」となります。

最後に、接続詞の使い方に関する学習事例として、接続詞「そして」「しかし」と「一方」の違いを考えてみたいと思います。まず、「そして」と「しかし」の意味の違いを提示する前に、事例の提示から入るというのが帰納的学習法です。「そして」と「しかし」の用例を 4 つずつ用意しました。

「そして」	「しかし」
(1)　(2)　(3)　(4)	(5)　(6)　(7)　(8)

具体的に、次の (1) ～ (4) が「そして」を使った用例で、(5) ～ (8) が「しかし」を使った用例です。

(1) 太郎は一生懸命勉強した。そして、テストでは 98 点をとった。
(2) 太郎は勉強でクラスで一番だった。そして、スポーツも得意だった。
(3) 男子柔道部は、去年、1 回戦敗退だった。そして、今年は 2 回戦敗退だった。
(4) 武田信玄は戦国最強の騎馬軍団を誇った。そして、三方が原の合戦で徳川家康に大勝した。

(5) 太郎は一生懸命勉強した。しかし、テストでは 20 点しかとれなかった。
(6) 太郎は勉強でクラスで一番だった。しかし、スポーツはどんな競技も苦手だった。
(7) 男子柔道部は、去年、1 回戦敗退だった。しかし、今年は準優勝した。
(8) 武田信玄は戦国最強の騎馬軍団を誇った。しかし、武田勝頼は長篠の合戦で織田・徳川連合軍に破れ、滅亡した。

ここから一般化できるなら、「そして」は、前の文からそのまま予想される内容を導く接続詞で、「しかし」は、前の文から予想されるのと異なる内容を導く接続詞ということが言えるかと思います。もう少し砕けた言い方をすれば、「そして」は「前の文の内容からこうなるだろうなと思われる内容を続けるもの」で、「しかし」は「前の文の内容からこうなるだろうなと思われるのと違う内容を続けるもの」ということもできます。

その上で、「しかし」と「一方」の違いを考えましょう。帰納的学習法では、「しかし」の用例と「一方」の用例を挙げるところから始めます。

「しかし」	「一方」
(5)　(6)　(7)　(8)	(9)　(10)　(11)　(12)

具体的に、上に挙げた (5) ～ (8) の「しかし」の用例と、次の (9) ～ (12) に挙げた「一方」の用例から、違いを考えてみてください。

(9)　兄の太郎は学年で一番勉強のできる生徒だった。一方、弟の次郎は、どんな競技も得意なスポーツマンだった。

(10)　姉は京都大学を出て政治家になった。一方、妹は大阪大学を出て研究者になった。

(11)　衆議院議員の任期は 4 年だ。一方、参議院議員の任期は 6 年だ。

(12)　太郎は学校の生徒会長として文化祭を盛り上げた。一方、学校外では少年野球のキャプテンとして県大会出場を果たした。

上に挙げた (5) ～ (8) の「しかし」の用例でも、(9) ～ (12) の「一方」の用例でも、2 つの文を「しかし」や「一方」で結んでいるわけですが、(5) ～ (7) までを見た段階では、「しかし」で結ばれたときは 2 つの文の主語が同じなのに対し、(9) ～ (11) を見た限り「一方」では 2 つの文が異なる主語を持っているようにも見えます。ところが (8) と (12) を見ると、(8) では「しかし」の前後で違う主語が出てきていますし、(12) では「一方」の前後は同じ主語だと解釈されますので、主語が同じかどうかという観点は妥当でないことがわかります。そうすると、接続詞で結ばれた 2 つの文の関係に注目することになり、上述のように、「しかし」は、前の文から予想されるのと異なる内容を導く（＝前の文の内容からこうなるだろうなと思われるのと違う内容を続ける）ものなのに対し、「一方」は、前の文と対比的な内容を並列的に導く（＝前の文の内容と対比する内容を前の文とペアになるように続ける）ものといっていいかと思います。

このような一般化が明示的にできなくても、次の事例で、「しかし」と「一方」を入れられれば、無意識的ながらも理解できたことがわかります。

(13)　男子柔道部は、去年、１回戦敗退だった。[　　　]、今年は準優勝した。
(14)　電池２個を直列つなぎにすると電圧（電流）が２倍になる。[　　]、電池２個を並列つなぎにすると電圧は変わらず、寿命が２倍になる。

(13) では前の文の内容から予想されるのと違う内容が続いていますので「しかし」で結び、(14) では２つの文で２つの事柄について並べて論じていますので「一方」で結ぶのが適当ということになります。「しかし」と「一方」の使い方について理解できたことを万全のものにするならば、実際に自分で作例できればいいわけですが、できるでしょうか。

(15)　＿＿＿＿＿＿＿＿＿＿＿＿＿。しかし、＿＿＿＿＿＿＿＿＿＿＿＿＿。
(16)　＿＿＿＿＿＿＿＿＿＿＿＿＿。一方、＿＿＿＿＿＿＿＿＿＿＿＿＿＿。

自分で使うことができれば（作例することができれば）、理解できたとみていいでしょう。

その上で、発展（上級編）として、実は、やや難しい次の例を考えてみてください。「太郎」が「次郎」からお金を借りて、そのお金を返したかどうかについての描写だとします。この例では「しかし」が入るでしょうか、「一方」が入るでしょうか。

(17)　太郎はお金を返したと言う。[　　　]、次郎は返してもらってないと言う。

一見すると、「しかし」を入れれば良いように見えますが、「一方」を入れることも可能です。もちろん、「しかし」を入れた場合と「一方」を入れた場合で、全体の論理関係は異なります。ここに「しかし」を入れたときは、太郎が次郎と異なる主張をしていることで、結果的に太郎の言い分が否定されるのに対し、「一方」を入れると、太郎の言い分と次郎の言い分の両方を（両者の差異を認めながらも）対等に扱っていることになります。ここでわかるように、接続詞の差異は、全体の論理関係の違いを表すもので、どのような接続詞を使うかという問題は、論理関係をどのように捉えるかという〈もののの見方〉の問題にほかならないのです。

このような「しかし」や「一方」の練習は、接続詞の文法練習ではなく、〈対比〉という認識パタンの訓練であります。重要なことは、教員自身が児童・生徒を観察し、自分の発したことばの手応えを敏感に感じ取り、必要な情報を提供するだけの知識をストックしておく必要があるということです。

☞**演繹的学習と帰納的学習**

演繹的学習は帰納的学習より効率的な学習ではあるものの、自力で経験事実を一般化しスキーマを形成する能力を向上させるため、小学校では帰納的学習を取り入れる機会を設けたい。

第４節＝テンプレート

ここでは、第１節で導入した「スキーマ」を文章レベルで応用してみたいと思います。第１節のおさらいになりますが、スキーマの形成プロセスは次のように表され、経験事例の蓄積から始まるというものでした。

②スキーマの形成

↑　　　↓

①個別事例の蓄積　　③新しい経験への適用

図 10

このようなプロセスを経て文章の形で形成されるスキーマを「テンプレート」と呼ぶこととします。ここでいう「テンプレート」とは、いわば「文章形式のスキーマ」です。先生方が慣れている用語でいえば、表面的には「話型」の発展形と考えることもできますが、事例を重ねて一般化するという点に大きな特徴があります。テンプレートの役割は、思考を形式的に支援することにありますが、思考パタンを制約するという側面を持つ点に注意が必要で

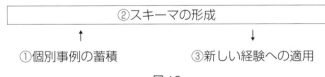

す。これが、道具の二面性です。制約するというのは、決して悪いことではありません。例えば、自己紹介をするとき一般に「私は 所属 の○○と言います。よろしくお願いします。」のように言いますが、これは各自が考え出したオリジナルの表現というより、自己紹介のときの挨拶を多く経験する中で形成された「テンプレート」を使っているというのが実態でしょう。このようなテンプレートが潜在的に蓄積されているために、とっさに自己紹介を求められても対応できるという点でテンプレートは行動を支援していますし、一定のパタンに当てはめているという点で表現が制約されているということもできるわけです。

１つ目の事例として、〈異同のテンプレート〉とでも呼んで良いものを導入したいと思います。〈異同〉というのは「同じところ」と「違うところ」ということですから、別の言い方をすると〈共通点と相違点のテンプレート〉というものです。このテンプレートを導くために、次の（18）～（20）のような事例を導入しましょう。

（18）　イカとタコは、ともに、海に住み、墨を吐き、脚の数が多く、体がヌメヌメしているという点で共通するが、イカの脚が 10 本なのに対し、タコの脚は８本という点に違いがある。

（19）　バターとマーガリンは、ともに、薄い黄色で、パンに塗って食べたり、ケーキを焼くときに使ったりする点で共通するが、バターが牛乳（の脂肪）から作られるのに対し、マーガリンは、植物性の脂肪を主成分とする点に違いがある。

（20）　NGO も NPO も、利益を追求しないで社会的な公益活動を行う民間のボランティア組織で法人格を与えられたものという点で共通するが、NGO が主に海外で活動する団体を指すのに対し、NPO は主に地元地域で活動する団体を指す場合が多いという点に違いがある。

これら（18）～（20）から一般化すると、次のようなテンプレートが導き出されます。

(21) [A] と [B] は、ともに [共通点] という点で似ているが、[Aが～] であるのに対して、[Bが～] という点に違いがある。

このテンプレートが作られたら、(21) を新しい事例に適用することを考えます。まず、何か共通点を持っていそうな2つの対象 (AとB) を探すところから始めます。その2つのもの (AとB) の共通点を明確にして、[共通点] の欄に書き込み、一方で、AとBの差異を探し、Aに固有の特徴とBに固有の特徴を、それぞれの欄に書き込めば、AとBの異同を論理的に整理できたことになります。具体的には、例えば「砂糖 vs. 塩」「シャンプー vs. リンス」「カレイ vs. ヒラメ」「DVD vs. ブルーレイ」「ミュール vs. サンダル」などのほか、どんなペアが発想されるでしょうか。

もし、新しい比較対象が浮かばなければ、事例として挙げられている「イカ」と「タコ」を再度取り上げて、別の側面に異同を求めるという作業でもいいでしょう。実際、「イカ」と「タコ」の差異には、脚の数以外にも、よく見ると、泳ぎ方や吸盤にも違いを見つけ出すことができますし、ヒレの有無、頭と胴がつながっているか離れているかという点にも違いを見いだすことができるでしょう。バターとマーガリンについても、原材料のほか、製法や風味にも違いを求めることができるはずです。あるいは、児童（生徒）の方から比較対象が出てこないようなら、指導者の方から提示することも悪くありません。例えば、昆虫でいえば、「セミのオス vs. セミのメス」や「蝶 vs. 蛾」、電池の「直列 vs. 並列」あるいは、星座の「夏の大三角 vs. 冬の大三角」という組み合わせでもいいでしょう。「神戸」と「横浜」でもかまいません。国語の教科書から題材を採れば、キツネの「ごん」（『ごんぎつね』）とガン（雁）の「残雪」（『大造じいさんとガン』）でもいいかもしれません。

続いて、2つ目のテンプレートを導入したいと思います。2つ目は、いわば「視点の転換（複眼化）」のテンプレートです。次の (22) と (23) をご覧ください。

(22) いま、子どもの学力が落ちていると言われています。たしかに、PISA型テストで日本人児童の順位が低かったと指摘されました。しかし、それは、学校で教えることを消化できたかどうか、あるいは統一的なテストの結果から見ているからであって、必ずしも、子どもの能力そのものが低下したことにはなりません。実際、ヒーロー物の名前を全部覚えている子どもがいることから言えば、好きなものに関しては見事なまでの記憶力を発揮しているのであって、決して能力が低いわけではないのです。

(23)　一般に、英語などと比べて日本語は論理的でないと言われる。例えば、述語が文末に来るので、文の最後まで読まないと肯定か否定かさえわからないという点が指摘される。しかし、それは、英語という１つの外国語と比べて言っているだけであって、必ずしも、述語が文末に来るから非論理的ということにはならない。実際、述語が文末に来る言語は世界の言語の半数近くあることから言えば、述語が文末に来ると非論理的になるのではなく、論理的かどうかは、むしろ、ことばを使う人間の使い方の問題ということが言える。

これら２つの文章から次のようなテンプレートを導くことができます。

(24)　一般に（いま、このごろ）、問題提起 と言われる。例えば（たしかに）、具体化 ということが指摘される。しかし、それは、相手の観点 という点から見ているからであって、必ずしも、相手の主張（への反論） というわけではない。実際、自分の観点 という点から言えば、否定すべき事柄 なのではなく、自分の主張 ということが言える。

テンプレートは、道具ですから、使いやすいようにアレンジは自由で、(24) の中でいえば、「否定すべき事柄 なのではなく」の部分はカットしても全く差し支えありません。そのようなアレンジは自由です。

もし、児童（生徒）の方から比較対象が出てこないようなら、指導者の方から提示することも悪くありません。例えば、次のような短い文を提示すると、どのような展開になるでしょうか。

(25)　このごろ、野菜の値段が下がっている。

(26)　このごろ、○○先生（担任）がよく怒るようになった。

(25) について、消費者の立場から言えば、野菜の値段が下がるのは有り難いことと受け止められるかもしれませんが、視点を転換することで、生産者の立場に立つことができれば、野菜の値段が下がることは生産者の生活にとってマイナスになることが導かれます。(26) では、先生の視点に立つことが誘導されていますので、半ば強制的に先生の視点に立たされ、そこから先生が「よく怒るようになった」理由を考えざるを得なくなるわけです。

このような手法から言うと、やや極端ではあるものの、次のような発想を促すこともできます。

(27) ごんは、最後の場面で銃で撃たれて死んでしまったという点で、かわいそうだとみんなが言う。たしかに、自分のいたずらを反省して、つぐないのために栗を届けたのに、それをわかってもらえなかったのはかわいそうだ。しかし、それは、ごんの気持ちが書かれていて、そこからごんの事情を私たちが知っているから言えることであって、必ずしも、ごんが一方的にかわいそうというわけではない。実際、兵十の観点から言えば、ウナギを盗まれ、イワシ泥棒に間違われ、誰だかわからない人から栗が届けられたりして、そこにいたずら者のキツネが現れたとき、銃で撃つというのも仕方ないことではないでしょうか。

このような思考を支援します。

さらに、テンプレートは、目的に合わせて自由に作成することができます。いわばカスタムメードが可能です。例えば、友だちの意見をよく聞かせたいときは、次の (28) のように、他人の発話を無理矢理にでも引用させるテンプレートを導入することで、他人の意見を把握しなければ自分が発言できないようにすることが可能になります。

(28) ○○さんは [他人の発話] と言いました。それは、[その理解 or 解釈] ということだと思います。私の意見は、○○さんの意見と [接点] というところでつながるのですが、[独自の発想] ということも考えられないでしょうか。

このテンプレートを導入すると、他人（友人）の発言を部分的に引用しなければなりませんので、必然的に友人の発言に注意を傾けなければならなくなり、自分の意見との関わりを考え、自分独自のアイディアを明確にするという整理が求められます。このことが、(28) のようなテンプレートを導入する効果でもあります。

上で挙げたようなテンプレートについては、期待できる効用を整理すると、次のようになります。

ア．使用例の解釈から始めることで、①事例の蓄積、②一般化（スキーマの抽出）、③事例への応用、という３段階がすべてパッケージになっている（＝帰納と演繹）。

イ．意見表明や理由表明のための単なる雛形ではなく、ことばを道具として〈対比〉〈共通点の抽出〉〈相違点の発見〉〈視点の探索〉などを促す認識パタンの訓練となる（＝支援と制約）。

ウ．話型と異なり、既製品を児童に送り出すのではなく、先生が目の前の児童に必要と思われる認識パタンを適宜創出することができる（カスタムメード可能）。

エ．ここで用いられたテンプレートは、学校社会に限らず、上級の学校や社会に出た後でも使うことができる（＝高い汎用性）。

このような利点を活かすために、指導者に留意していただきたいことを３つ挙げます。第１に、テンプレートはいきなり与えないことです。テンプレートを帰納的に形成する過程で素材となる用例を見せる必要があります。第２に、使いやすいということが利点ですから、空欄部分（スロット）に何を入れたらいいか自明であるように作ることが肝要です。どう使ったらいいかわからないようなテンプレートは無用です。第３に、汎用性の高いものを提供するという点です。小学校の中だけで使えれば良いというものではなく、卒業後にも使えるものであるように工夫してください。

☞テンプレートの提案

テンプレートは、文章レベルのスキーマであり、言語表現の蓄積を通して一般化されたパタンをいう。これによって、文章（談話）レベルにおける言語運用が支援されると同時に制約を受ける。

第5節＝話型を再考する

前節で導入した「テンプレート」との関連で、ここでは話型を取り上げたいと思います。

学校は、言うまでもなく、一般社会の一部ですから、一般社会のルールに従う必要があります。ところが、しばしば社会の中で規範的でないものが学校の中で積極的に奨励されるケースが見受けられます。その1つに、「話型」と呼ばれる表現パタンがあります。「話型」というのは、一般には聞き慣れない用語かもしれませんが、「文型（sentence pattern）」の口語版（話しことば版）のことであります。「文型」は文字通り「文の型」で、英語のSVOとかSVOCのようなものも文型ですし、日本語教育でも、例えば、「○○は□□である」とか「○○が△△に□□する」のようなものを文型と呼びます。文型は、決して書き言葉に限ったものではありませんから、話し言葉であっても「文型」と呼ぶことに何の問題もないはずですが、学校現場では特に「話型」という新しい名前をつけて呼んでおり、近年の学校現場では、なぜか「伝え合う」とか「話し合う」ということが重視されているため、話型は積極的に活用されているようです。基本的な話型には、「意見を述べるパタン」「質問するパタン」「反対意見を述べるパタン」「意見をつけ加えるパタン」「理由を述べるパタン」のようにいくつものパタンがあるようです。このうち、「理由を述べるパタン」として、次のような話型が小学校の教室に掲示されています。

私は○○だと思います。その理由は～だからです。

これは、小学校で掲示されている話型の中でも最も典型的なものの1つで、教室で児童が理由を述べるときに雛形として活用することが奨励されているものですが、何が問題かというと、そもそも理由を陳述するのに、「理由は～だからです」という表現構造が語法上の慣習として不適格だという点です。不適格の理由を説明するため、次の（29）をご覧ください。（29a）と（29b）は、いずれも全く問題のない正常な文です。

(29) a.　会社を辞めた理由は海外留学したかったことです。
　　b.　会社を辞めたのは海外留学したかったからです。

(29a) は、いわば「A = B」の構造を持つ文で、「理由」=「行きたかったこと」という関係を含んでいます。(29b) は、文法的には「倒置文」になっており、もとは次の (29b′) のような文が想定されます。

(29) b′.　海外留学したかったから会社を辞めました。

この文を元にして、倒置というより、正確に言うと、(29b) は複文となっており、従属節と主節を入れ替えた形になります。前半の「海外留学したかったから（従属節）」と後半の「会社を辞めた（主節）」が入れ替わってできたのが (29b) です。(29b) のように倒置することで、「行きたかった」という理由の部分が強調される形になっています。

(29a) も (29b) も正常な文なのですが、次の表現はどうでしょうか。

(29) c.　会社を辞めた理由は海外留学したかったからです。

この文は、冒頭に挙げた話型に基づいた文になっていますので、小学校では (29c) のような表現が推奨されているのですが、言語研究の観点から言うと、(29c) は、いわゆる「ねじれ文」であって、語法的に NG です。その理由を 2 つ挙げます。

まず、そもそも、なぜ (29c) が生じたかというと、(29a) と (29b) が混ざり合ったものだからです。あらためて (29a) (29b) (29c) を並べて整理します。

(29) a.　会社を辞めた理由は海外留学したかったことです。
　　b.　会社を辞めたのは海外留学したかったからです。
　　c.　会社を辞めた理由は海外留学したかったからです。

ここからわかるように、(29a) の下線部「会社を辞めた理由は」と (29b) の下線部「海外留学したかったからです」が混じり合ってできたのが (29c) ということになります。(29a) も (29b) も文法的に適格な文ですが、両者が部分的に混ざり合った (29c) は、正常な文構造とは言えません。というのも、(29c) は、次の例の中で (30c) と同じ構造を持つからです。

(30) a.　僕の夢はパイロットになることです。
　　 b.　僕はパイロットになりたいです。
　　 c.　僕の夢はパイロットになりたいです。

(30a) は (29a) と同じように「A ＝ B」の構造を持ち、「僕の夢」＝「パイロットになること」という関係が成り立ちますから問題ありません。(30b) も、全く通常の文で何ら問題ありません。ところが、(30c) は明らかに構造が崩れています。(29c) が (29a) と (29b) の混交だったのと同じように、(30c) は (30a) と (30b) の混交であり、(29c) が NG なのは (30c) が NG なのと原理的に同じなのです[7]。

２つ目に、正常な構文であれば理由を複数挙げることもできるのに、(29c) ではそれができないことが挙げられます。実際、次の (29a) の構造 (パタン) であれば、文法的に適格な文ですから、次の (29a″) が示すように２つの理由を等位的 (並列的) に述べることが可能です。

(29) a″　会社を辞めた理由は、海外留学したかったことと仕事に情熱がなくなったことです。

(29a″) では、「会社を辞めた理由」として、「海外留学したかったこと」と「仕事に情熱がなくなったこと」の２つを「と」で結んで並置されています。さらに、理由が３つ以上であっても、問題なく並べることが可能です。これに

[7]　言語学の用語で、複数の語が部分的に混ざり合って新しい語を作り出す現象を「混淆 (contamination)」といいます。例えば、「ゆすぐ」という動詞は「ゆする」と「すすぐ」という２つの動詞が部分的に混ざり合って生じた語であり、同様に、「ながらく」は「ながい」と「しばらく」が混ざり合って生じた語で、混淆にあたります。混淆は、もともと語レベルの現象であり、語レベルでは問題ないのですが、句や文のレベルで生じるときは誤りを作り出すと言われています。例えば、句のレベルでは、「的を射る」＋「当を得る」＝「的を得る」のように、誤った表現が作り出されてしまいます。(29c) や (30c) は、混淆が文レベルで起こった現象として考えることが可能で、結果として生じた文構造は誤りということになります。

対し、(29c) の構造で理由を2つ以上並べることはできません。この差から、(29a) が正常であるのと異なり、(29c) が、複数の理由列挙に耐えられるだけの正当性を持っていないことがわかるでしょう。

上に挙げた「理由は〜からです」は、いわゆる「ねじれ文」と呼ばれるもので、いずれ解消できるようにならなければなりません。「ねじれ文」を解消するということは、主語に合わせて述語の部分を正しく書き直すことであり、実際、平成21年度全国学力学習状況調査（中学校国語）に出題されています。具体的には、次のように、文の内容を変えることなく「合います」の部分を適切に書き直すことを求めるという問題でした。

> これは、レオナルド・ダ・ヴィンチが描いた「モナリザ」という絵です。
> この絵の特徴は、どの角度から見ても女性と目が合います。

正答は「この絵の特徴は、どの角度から見ても女性と目が合うことです」となりますが、この問題の要点は、次のペアの中で、(31a) を (31b) に書き換えることになります。

(31) a.　この絵の特徴は、どの角度から見ても女性と目が合います。
　　 b.　この絵の特徴は、どの角度から見ても女性と目が合うことです。

正解は、(31a) を (31b) に修正するか、大きく変えるなら「この絵は、どの角度から見ても女性と目が合うことが特徴です」とすることも可能ですが、この問題の正答率は50.8%であったといいます。(31a) を (31b) に書き換えるということは、上掲の (29c) を (29a) に修正することと同じであり、(30c) を (30a) に修正することと同じです。(31a) の文は、「モナリザ文」と名づけられ、国語教育学と国語学（日本語学）の観点から分析されていますが、中学生の正答率が50.8%しかなかったことが、小学校段階で「理由は〜だからです」のような話型を積極的に推奨してきたことの結果だとすれば、由々しき事態と言わなければなりません[8]。

[8]　この点については、安部朋世・橋本修（2014）などで国語教育的視点と国語学的視点の両方から分析が行われています。

ことばは時間の変化とともに変化するものですから、規範も時代によって一様ではありません。将来、(29c) のような構造が規範として受け入れられるときが来るかもしれません。しかし、現時点においては推奨すべきものでないことは間違いありません。なぜならば、もし一般社会で入社試験で「理由は〜だからである」のような表現を使えば、社会人としての日本語能力が低いと評価されるでしょうし、大学の入試や論文でも同様です。それを知っているからこそ高校の先生も「理由は〜だからである」をNGとして高校生を指導します。ところが、中学校では、「理由は〜だからである」のような表現を否定的に指導していない先生もいるようで、小学校に至っては、「理由は〜だからです」の話型を積極的に奨励しているところが多いというのが現状です。繰り返しになりますが、「理由は〜だからです」を推奨するということは、(30c) の「僕の夢はパイロットになりたいです」を認めることと同じであり、(31a) のモナリザ文の不適切さを見えなくすることと同じなのです。

☞**話型に関する問題点**

テンプレートは、使用例からの一般化を通して作成されるため、間違った表現を含むパタンが排除されるのに対し、話型は、実際の用法に基づくことなく先験的に創作されるために、規範から見て間違った表現が含まれることがある。

第6節＝協働学習と模倣学習

第3節で演繹的学習と帰納的学習の話を導入しましたが、ここでは、文化学習における「協働学習」と「模倣学習」を取り上げます。

はじめに、協働学習 (collaborative learning) については、教育学で言う「協同学習」との区別をしておきたいと思います。前者の「協働」は collaborate の訳語で、坂本旬 (2008) の説明によれば、異なる背景や能力を持った者同士が高い自立性と対等なパートナーシップを持って目的達成に向かう行為であり、同質的な組織の中では達成できない目標や課題の達成が可能になるようなものをいいます。後者の「協同」は cooperative の訳語で、ジョンソン兄弟ら (Johnson *et al.,* 1991) や佐藤学 (2006) が言うように、友好的でチームワークを重視した学習形態を指し、一般に学校教育でも、「協同学習」と表記されることが多いようです。

まず、「協同学習」の方から簡単に性格を検討しておきたいと思います。ジョンソン兄弟ら（Johnson *et al.,* 1991）は、協同学習を次のように定義しています。

> 協同学習とは、小集団（small group）を活用した教育方法であり、そこでは生徒達が一緒に取組むことによって自分の学習と互いの学習を最大限に高めようとするものである。しかし、ただグループに分けて学習させるだけでは、協同学習とは言わない。学習者を小集団に分け、その集団内の互恵的な相互依存関係を基に、協同的な学習活動を生起させる技法が協同学習である。

この中で、第1文と第2文は「協同学習」と「協同学習でないもの」を峻別することに役立ちませんので、定義として本質的な部分は第3文の「（集団内の）互恵的な相互依存関係」ということになります。ここでいう「互恵的な相互依存関係」に基づいているというのは、グループのメンバーが互いに建設的な協力関係を構築しているということであります。平明に言えば、グループ単位での協力やチームワークによって学習を活性化するといっていいでしょう[9]。

これに対し、「協働学習（collaborative learning）」の方は、概念規定と相対化が明確に与えられています。認知発達心理学者のトマセロ（Tomasello, 1999）によれば、人の文化学習は、模倣学習・教示学習・協働学習の3つに区分でき、協働学習はその1つに位置づけられるもので、知識やスキルのある他者との協働作業を通した学習をいいます。協働学習では、他人が自分と同じように意図や精神を持つ存在であると理解できることや他者の行動を観察することが重要になるのに対し、教育学的な「協同学習」では、グループ

---

［9］　佐藤学（2006）は、協同学習の必要性について理由を2つ挙げています。1つ目は「協働的な学びを組織することなしに、一人ひとりの学びを成立させせることが不可能だからである」とし、2つ目に「一人ひとりの学びをより高いレベルに導くためには、協働的な学びが不可欠だからである」と述べています。しかしながら、1つ目が正しければ基本的に独学というものは成立しないということになりますし、2つ目の理由には根拠がありません。必要な理由を挙げるのに「不可欠だから」というのは論理が破綻しています。

(小集団）での学習を活性化すること、すなわち、グループ単位での「協力」や「チームワーク」に重きが置かれた結果、「他人を観察する」という本質的な部分が二の次になっているように見受けられます。児童・生徒は、通常、「学級」という集団の中にいるわけですから、その意味で、すでに協働学習をしていることになります。学級という規模で他人を理解し、他人を観察する習慣を重ねれば、将来的に、組織の中で行動しながらメンバーそれぞれが自律的に学習することが期待できます。仮に学校教育という環境の中で、教育的な見地から「協力」や「チームワーク」という側面を重視したいと思ったとしても、「協同学習」を謳う以上は、学級という規模で他人を理解し、他人を観察する習慣を重ねることを見失ってはいけません。それによって、将来的に、組織の中で行動しながらメンバーそれぞれが自律的に学習することが期待できるからです。

一方の模倣学習（imitative learning）も大切な学習スタイルの１つであります。模倣学習は、他人の真似をすることを通して知識や技能を身につける学習形態で、他人と同じ行動を自分も実行してみることで習得するというものです。日本語の「学ぶ」が語源的に「まねぶ（真似ぶ）」に由来することはよく知られているところですが、模倣学習は、学ぶことの原始的な姿といっていいかと思います。子どもが言語を獲得するときも、基本的には模倣によって身につけていきます。模倣（真似）ができるということは、部分的ではあれ直感的に対象を理解することができるということだからです。例えば、話すことのできない外国語の真似をしなさいと言われたとき、英語であれば、それなりに真似できるでしょうし、フランス語やドイツ語あるいは中国語も、ある程度まで真似できるかもしれません。もちろん「真似」ですから、正しい語法や発音（調音）でなくても良いのですが、それでも、ロシア語やアラビア語のほかアフリカの言語となると、真似もできないという人が多いのではないでしょうか。それは、知っているフレーズがないとか発音が聞き取れないとか、要するに慣れていないということです。言語の真似と同様に、他人の体の動きを真似できるということは他人の動きがよく見えているということであり、逆に、真似ができないということは、動きが理解できないか、短時間でも覚えることができないということです。そう考えると、真似ができるかどうかは、理解度を反映すると解釈することも可能です。先生は真似しやすいような手本を提示し、児童の真似を支援することを考える必要性が見えてきます。

教室など人前で先生が話をするときの先生の声の大きさも児童にとっては模倣の対象（手本）になりうるわけですし、小学校英語でフレーズを教えるときには模倣の容易さが特に高くなります。小学校英語では（文字ではなく）主として口頭でフレーズを覚えていくわけですから、児童が真似しやすいように提示することに配慮しなければなりません。例えば、新しいフレーズを提示するとき、最初と2回目はゆっくり目に発音しながら模倣的に反復させ、3回目と4回目ではアクセントの位置をやや大袈裟に強調し、5回からは普通のスピードにしたものを示して模倣させるというような工夫が導かれることと思います。

模倣学習について注意すべき点を2つ挙げるとすれば、1つは、質的に「真似してよいもの」であり、真似して使えるものでなければなりません。例えば、悪口雑言は真似してはいけない手本の典型のようなものですが、真似してもいいものとしては、「これから大事なことを3つ話します」とか「ここは大切ですから、もう一度言います」のような文言は、論理的な話し方の手本として真似するに値するものといっていいでしょう。模倣学習で効果を生むためには、模倣することで児童が成長するような模倣でなければなりません。2つ目は、真似を真似で終わらせないということです。累進的な継承がなければチンパンジーと変わらないからです（→97ページの［コラム］を参照）。

模倣は、記憶という観点からも重要です。真似しやすいものは覚えやすいものでもあるからです。例えば、覚えやすいという点から見たとき、（ア）と（イ）で、どちらが覚えやすいと感じますか。

（ア）九州には8つの県がありますね。このうち沖縄以外の7つの県では、県の名前と県庁所在地の名前が同じです。ですから、間違えることはありません。ただし、沖縄だけは県と県庁所在地の名前が違います。

（イ）九州は、沖縄以外、県と県庁所在地の名前が同じ

説明としては、（ア）の方が丁寧でよくわかる説明になっています。（イ）は、コンパクトにまとめられていて、声に出して言うとき、一息で口にすること

ができます。一息で口にすることができるということは反復しやすいということで、反復しやすいということは、覚えやすいということでもあります。記憶するという点では、丁寧な説明の（ア）よりも、一息で口にできる（イ）の方が定着しやすいように思われます。こうした特性を踏まえて、（ア）で説明した上で、（イ）でまとめることを勧めます。（ア）の説明で内容を理解し、（イ）で覚えるという効果が期待できるからです。（ア）は理解するには良いのですが、覚えるには適しません。理解したことを記憶し、その記憶を定着しやすくするために、覚えるためのフレーズを提示する必要があります。内容が理解できた段階で「沖縄以外」の部分をカットして、単に「九州は県と県庁所在地の名前が同じ」と短くすれば、もっと言いやすくなるでしょうから、口に出して繰り返しやすくなる分だけ、記憶の容易さも期待できるわけで、この点で、模倣学習はスキーマの形成に関係することもわかると思います。

歌の歌い方やダンスを教えるとき、あるいは重要な事項を暗記させる必要があるとき、模倣しやすいモデルを繰り返し提示することがポイントになります。「模倣しやすい」とはどういうことかを一言で言うのは難しいかもしれませんが、2つ挙げるとすれば、1つには、目で見て耳で聞いて明確に知覚できることであり、2つ目としては、再現するのに適当な長さを考えるということになるかと思います。1点目に関しては、ダンスの動きを示す場合であれば、手や脚がどんなふうに動くのかよく見えるように動かすことが大切ですし、リコーダーの模擬演奏であれば、どこで息継ぎをするとか指の動きがどこで大きく変わるとかいうことが目と耳でわかるように示すことがポイントになるでしょう。2点目に関しては、最初は適当に分割して、一呼吸で言えるほどのフレーズごとに少しずつ反復させ、何回か繰り返した上で、長いフレーズを繰り返して定着を図るということになります。

最後に、模倣学習について指導者の視点からポイントを3つに整理しておきます。第1に、手本は、わかりやすくなければならないということです。手本がわかりやすいということは、何がポイントか明瞭にわかるよう、できるだけシンプルな動作でゆっくりと提示することです。第2に、手本の提示は一度で終わらず、何度か繰り返して提示する必要があります。繰り返す中で大事なところを強調して、ポイントをつかめるように注意を促す（コメントする）ようにします。同時に、繰り返すこと自体に重要性を示す意味があります。第3に、手本から模倣学習が効果的に成り立つようにするため、手本提示の前には〈どこに注目するか〉を含めて予備的な説明を与え、提示の直後に〈どこが重要だったか〉を確認し、これによって、手本から何を学ぶべきかを理解できるよう支援します[10]。

☞協働学習と模倣学習

①協働学習は単にグループで活動することではなく「他人を観察する」ことを通して他人を理解するというプロセスを含んでいる。

②模倣学習においては、指導者（教員）が適切な手本を示すのに、模倣しやすく記憶しやすいような留意が必要になる。

●●コラム　累進的な文化進化

認知発達心理学者でもあるマイケル・トマセロ（Michael Tomasello）は、人間の文化学習には、他の動物にはできない特異なスタイルがあると言います。ヒトの文化は、集団（個体群）で共有され、世代間で継承されるという一連の継承メカニズムが歴史的に繰り返されますが、その継承にあたって注目しなければならないのは、前世代の形がそのまま次の世代に継承されるわけではなく、改良を重ねながら後戻りすることなく継承されるところに大きな特徴が認められることです。このような不断の改良を伴う文化継承のあり方をトマセロは「累進的な文化進化（cumulative cultural evolution）」と呼び、人間の文化伝統とチンパンジーの文化伝統の最も大きな差異と述べています。

[10]　トマセロが挙げた3つの学習スタイルのうち、教示学習（instructed learning）は、知識や技能を持つ者がそれを他者に与える形での学習形態で、教える側（親や教師）が内容や順番などを意識的にコントロールし計画的に学習させることができる点で、効率の高い学習形態ということが言えます。

第4章

人はことばをどう運用するか

第４章では、「推論」をキーワードに言語運用について考えてみたいと思います。推論は、演繹的なものと帰納的なもののほかに、アブダクションと呼ばれる第三の推論があります。この章では、ことばの学習との関連で推論の働きを見ていきたいと思います。

第１節＝推論とは何か

第３章で「スキーマ」という概念を導入しましたが、スキーマの形成過程と発動過程には、「推論（reasoning）」と呼ばれる思考が働いています。推論とは、かたい言い方をすれば「正しいと想定される既知の知識を利用して、新しい知識を導く手続き」ということですが、簡単に言えば「きっと、こうだろう」と考える論理的な判断をいいます。

推論には、大きく分けて帰納的推論（inductive reasoning）と演繹的推論（deductive reasoning）の２つがあります。帰納的推論は、より具体的な個別の経験的事実からより一般的な結論を導き出す推論で、「ボトムアップ的推論」ともいいます。例えば、「スズメは空を飛ぶ」「カモメは空を飛ぶ」「鷹は空を飛ぶ」などの個別の事実から、「鳥は空を飛ぶ」のような、一般性の高い結論を導く推論です。一方の演繹的推論は、より一般性の高い概念を用いて下位の概念を理解する推論で、「トップダウン的推論」ともいいます。最も代表的なのは、アリストテレスの三段論法で、「ソクラテスは人間である」という大前提と「人間は死ぬ」という小前提から、「ソクラテスは死ぬ」という結論を出すものです。これによると、「ソクラテスは人間である」という既知の知識に対して、「人間は死ぬ」という一般的な知識を加えることで、「ソクラテスは死ぬ」という新しい知識を導いています。

帰納的推論と演繹的推論について、サンズイのつく漢字の例で整理すると、帰納的推論は図1のような〈下から上へ〉の推論であり、演繹的推論は図2のように〈上から下へ〉の推論をいいます。

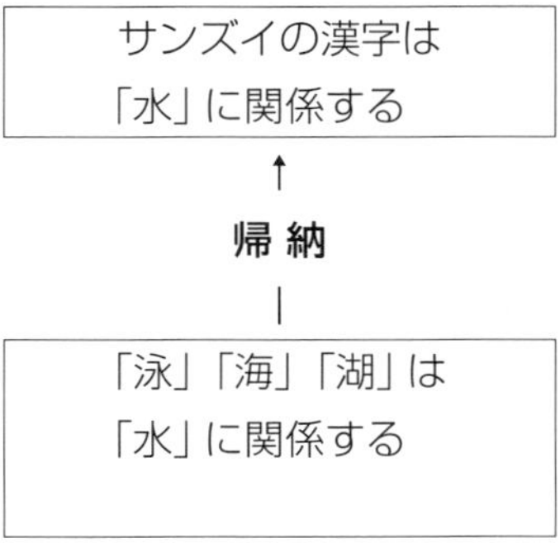

図1　帰納的推論

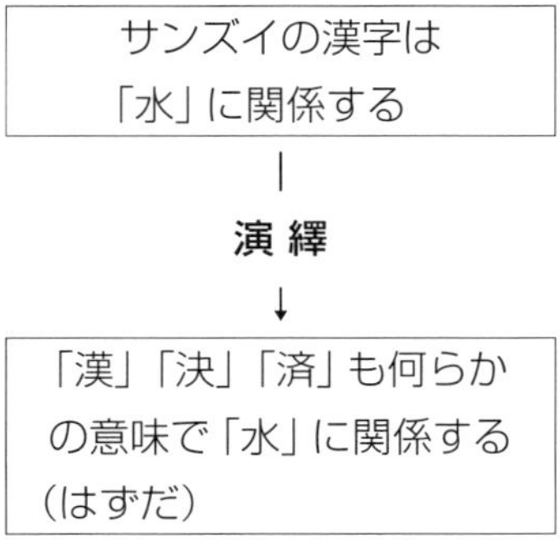

図2　演繹的推論

図1のように具体的な事象（＝個別の漢字）から一般規則（＝「サンズイを持つ漢字は水に関係する」）の推論が帰納的推論であり、図2のように一般規則から個別の事象への推論が演繹的推論です。

さて、スキーマとの関連で推論の働きについて話を進めます。早速、次の図3～図5を見てください。

図3

図4

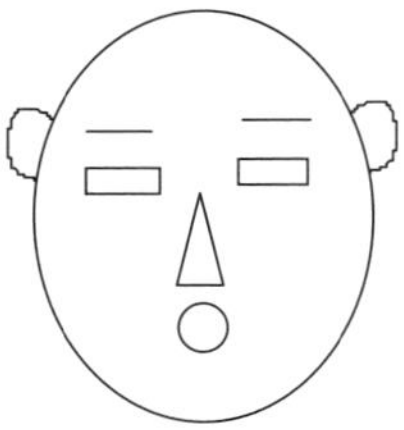
図5

この中で、図4を知覚したとき、ふつう何を感じるでしょうか。一見してわかるように、「片方の目がない」という認識が成立します。図4を見て、最初からこの人は目が１つの人なのだという認識は一般的とは言えません。このとき重要なのは、図４に対して、最初からこのような顔をしているとは思わず、「片方の目がない」という認識が成立するためには、図３が前提になるという点です。図３のように「目が２つある顔」を前提としなかったら、図４に対して「目は１つ」という中立的な描写はできても、「片方の目がない」とか「目が１つしかない」という相対的な判断を図４単独で導くことはできません。このような推論を鋳型照合モデル（template matching model）と言います。鋳型照合モデルは、記憶の中にパタンの原型が鋳型として蓄積されており、何かを知覚したときに鋳型と照合することで認知が成立するモデルをいいます。すべての刺激に１つ１つ対応する鋳型を記憶することは不可能ですから、記憶内の鋳型は常に柔軟に運用され、頭の中のパタンと入力されたパタンが完全に一致しなくても成立するものとして扱われます。これが帰納的推論の１つである鋳型照合モデルです[1]。

今度は、図５を見てください。この中の２つの長方形は何を表しているでしょうか。ふつう「目」と認識することでしょう。ところが、図３や図４の中で長方形は「口」を表すのに用いられています。図３や図４で「口」だったものが、図５では「目」と認識されるのは、長方形という形そのものが「目」を表す力を持つのではなく、図５を「顔」と認識した段階で、顔の中央部の左右対称の位置に２つのものがあれば、それが丸であれ長方形であれ、ほぼ自動的に「目」として認識されるというのが実際です。このような推論が演繹的推論です。スキーマに基づくトップダウン式の推論において最も特徴的なことは、図５のように、〈全体〉を捉えることで、〈部分〉の役割が半ば自動的に決まることがあるという点です。

最後に、スキーマと読解の関係に触れておきたいと思います。かつて、「読解」という営みはテキストを単に「解読」することであると見なされていましたが、Bartlett (1932) は、読み手がテキストを再構成する過程と捉えました。別の言い方をすれば、読解とは読み手の背景知識（スキーマ）とテキス

---

［１］ この中で、図４に関する鋳型照合モデルは、パタンを当てはめているという点で演繹的推論のように感じるかもしれませんが、帰納的推論の１つとして位置づけられている理由は、鋳型照合モデルの中心が、現前のデータから一般的な鋳型を探し出すことにあると考えるとわかりやすいだろうと思います。なお、図４に関する説明は、戸田正直ほか［著］『認知科学入門―「知」の構造へのアプローチ』（サイエンス社, 1986 年, 132–133 頁）を参照しました。

トとの相互作用ということです。読み手はテキストを理解するのに、自分の背景知識（スキーマ）を発動しながら、テキストの内容を再構築しようとします。再構築というのは、自分が納得できる形で話をまとめることです。再構築した内容をテキストの情報と比べて矛盾がなければ再構築は成功であり、理解（comprehension）の状態に達したということになります。しかし、読み手がテキスト理解に必要なスキーマを発動できなかったり、間違ったスキーマを呼び出したりすると、理解できなかったり書き手の意図と異なる解釈を導き出すことになります。

☞推論の基本分類

推論は帰納的推論と演繹的推論に大別されるが、実際には帰納的推論と演繹的推論を同時的に発動させながら思考している。

第2節＝言語表現における帰納的推論と演繹的推論

スキーマを伴う帰納的推論と演繹的推論は、当然、言語の理解にも発動されます。まず、帰納的推論が作用する例を挙げたいと思います。次の看板はご存じでしょうか。

図6

この図6には「春夏冬中」とありますが、この看板の意味するところは「商い中」です。これを解釈する前提は、「春・夏・秋・冬」という1セットになった「四季」の概念です。「春・夏・秋・冬」という一連のフレーズが想起され、その中の「秋」がないことに気がつけば、「秋がない」となり、そこから「あきない」が出てくれば、最終的に「あきない中」に到達できます。このとき、

「春・夏・秋・冬」という四季に関するスキーマが知識として頭の中にあって、それを鋳型として鋳型照合することで「春・夏・　　・冬」に「あきがない」というフレーズを見いだすことが可能になるのであって、もし「春・夏・秋・冬」という四季に関するスキーマがなければ上の看板は解読できません。ここで「秋」がないという認識は、上掲の図4で、左目がないという認識と同じものです。

一方、演繹的推論の例を示しましょう。演繹的推論では、一般的規則から個別の事例を推論するわけですが、ここに〈部分の意味は全体の意味によって決まる〉というゲシュタルトの原理が作用します。具体的な例として、次の図7において、上の行の中央の文字と下の行の一番右の文字に注目してください。

図7

上の行の2番目の文字と下の行の4番目の文字が、字形としては同一であるにもかかわらず、異なる文字として知覚され、前者はアルファベットの「B」と読まれるのに対し、後者は数字の「13」と読まれます。このとき、上の行の中央の文字が「B」と読まれるのは、「アルファベット」というスキーマの中で「A」と「C」の真ん中にあるためであり、後者では「ゴルゴ13」という劇画のタイトルが1つのスキーマとして知識の中にあるためにほかなりません。実際、留学生で、その劇画を全く知らない学生に質問すると、上の行で「B」と答えるのと同様に、下の行でも「B」と答えていました。やはり、下の行の4番目の文字を「13」と読むためには「ゴルゴ13」が全体で1つの固まりであることを知っている必要があることがわかります。

図6や図7の事例は「文字」のレベルの理解でしたが、文レベルでも帰納的推論と演繹的推論の発動が観察されます。先述のように、与えられた言語情報が完全でないときでも自分が持っている知識を当てはめることで推論しようとするのですが、例えば、次の(1)や(2)のように発したとき、聞いた

側がどう理解するかを考えてみてください。

(1) おはようござ□ます
(2) おはようござります

最初の発話の□の部分が音声的にブランク（あるいは表記の上で判読不明）であっても、聞いた側は「おはようございます」と認識するでしょうし、2つ目の例のように「い」の部分が「り」と発話されても、やはり聞いた側は「おはようございます」と認識するでしょう。言語学の用語では「音素回復効果（phoneme restoration effect）」と呼ばれるものですが、推論という観点から言えば、帰納的推論（鋳型照合モデル）により「おはようございます」という一般的な挨拶表現を想起し、全体を「おはようございます」と理解できれば、演繹的推論によって、(1) における□の部分に「い」を復元したり、(2) の「り」を「い」に修正したりするというプロセスを説明することができるでしょう。このように、私たちは、日常の言語活動の中で帰納的推論と演繹的推論を複合的に発動して、現実の言語表現を処理しているのです。

今度は文章レベルに話を進めましょう。次の文章は、しばしば心理学で引用される有名な文の1つで、ブランスフォードとジョンソン（Bransford and Johnson, 1973）が実験用に提示したものです。どのような状況を描いたものか考えてみてください。

(3) その男は悩んでいた。車を停止し、彼は1人だった。周囲は非常に暗く寒かった。男はコートを脱ぎ、窓を降ろすとできるだけ素早く車の外に出た。そして、ありったけの力で、できるだけ速く移動した。遠くにではあったが街の灯火を見たとき、彼は助かった。

車の中にいるということはわかります。コートを着ていることから、季節は冬と考えていいかと思いますが、場所はどこでしょう。周りに人がいないというところから、山の中に迷い込んだと思うかもしれません。ところが、どこかの山道だとすると、そのコートを脱ぐという行為が説明できなくなります。もし山で車の外に出るなら、わざわざコートを脱ぐことは普通あり得ません。このほか、車の外に出るのに、ドアを開けるのではなく窓を降ろしたのはなぜなのかという点を含め、全体を矛盾なく説明できるような状況を考えると、山の中という最初の予想を破棄しなければなりません。山の中でないとすると、どこでしょうか。結論としては、車に乗ったまま海の中に落ちたという状況が最も妥当な解釈ということになります。外に出るときコートを脱いだのは泳ぎやすくするためであり、ドアを開けることなく窓から出たのは車の中にできるだけ水が入らないようにするためであり、「速く移動した」というときの方向は、水面に向かって泳いだわけです。(3) の読解で私たちがしていたことは、部分の意味を解釈しながら全体を積み上げてゆき、（それが仮想の体験であったとしても）車に乗ったまま海に落ちたときの状況という（仮想の）スキーマと照合して、納得できたとき、(3) を理解したと感じるということです。逆に、(3) の文章全体が「車に乗ったまま海に落ちたとき」という全体（枠組み）がわかると、コートを脱ぐ意味や窓を降ろすという意味も（自動的に）理解できるということになります。

その上で、文章レベルで推論が発動される事例をもう１つ挙げます。次の (4) は、テレビのローカルニュースの中で地元の活躍を紹介するコーナーにおいて、レポーターが発話した内容をそのまま文字に起こしたものです。この中で、下線部の指示対象は、どの小学校のことでしょうか。

(4)　まず、東小学校は課外活動で効果を上げています。第２に、西小学校では、学年と教科の枠を外したユニークな特殊カリキュラムで知られています。第３に、南小学校は子ども会が中心になって「ハダシ運動」に取り組んでいます。第４には、クラス単位での合唱に力を入れています。

(4) では、３つの小学校が取り上げられており、それに対して４つの活動が紹介されています。東小＝課外活動、西小＝特殊カリキュラム、南小＝ハダシ運動、というところまでは、迷わず理解できますが、問題は「クラス単位での合唱に力を入れている」のがどの学校かという点です。(4) の文章全体を見てみると、活動の種類が４つ書かれているのに、学校が３つしか挙げられていません。

第１に	第２に	第３に	第４に
↓	↓	↓	↓
東小学校	西小学校	南小学校	？

活動の数と学校の数が一致しないことが、４つ目の活動がどの学校の話なのかを不確定にしているわけです。このとき、聞き手の側では「南小学校」の紹介の続きであると推論するか、あるいは、新たに別の“第４の小学校”の存在を仮定するかのいずれかでしょう。もし別の小学校の存在を仮定するならば、“方角には東西南北の４つの名称がある”という一般的知識から「北小学校」という名称を思い浮かべる人もいるのではないでしょうか。ところが、実際に、テレビ画面を見ていてわかったのは「合唱に力を入れてい」る学校は「南小学校」であって、その町に「北小学校」はないというのが現実の事実関係でした。このとき、「北小学校」を思い浮かべた人は、実際には存在しない学校を想定して理解したことになりますが、それは、「東西南北」という方位のスキーマを働かせたことが裏目に出たことになります。もちろん、そのような誤解を招いたのは、話し手（レポーター）の落ち度であるわけですが、この事実は、「他人は自分の文章をどのように読むだろうか」を考えて書くことの重要性を示していると言えるでしょう。

☞言語表現と推論

スキーマを伴う帰納的推論と演繹的推論は、文字レベル、文レベル、文章のレベルでも発動される。どのレベルの推論も原始的な知覚レベルの推論と同じ原理に基づいている。

この節で挙げたスキーマに基づく読解手続きについては、西林克彦『「わかる」のしくみ—「わかったつもり」からの脱出—』（新曜社, 1997年）に、認知心理学の観点から詳しい説明があります。

第３節＝第３の推論アブダクション

推論については、第１節で「演繹的推論」と「帰納的推論」を紹介しましたが、アメリカのパース（Charles Sanders Peirce）という哲学者は、第3のタイプの推論として「アブダクション（abduction）」という考え方を提唱しました。アブダクションは、結果から原因を導き出す仮説的な推論をいいます。

例えば、薄い窓ガラスがあって、それを誰かがバットのようなもので強く叩いたとします。そうすると、ガラスはどうなるでしょうか。ふつう、割れますね。このとき、「薄い窓ガラスをバットのようなもので強く叩いた」という原因があって、そこから「そのガラスは割れる（だろう）」と原因から結果を推測するのは、いわば通常の推論です。それとは逆向きに、「薄い窓ガラスが割れていた」という結果があったとき、「なぜ割れたのだろうか」と、結果から原因を推論するのがアブダクションです。

(5)　誰かがガラスを叩いた［原因］ → ガラスが割れた［結果］

(6)　誰かがガラスを叩いた［原因］ ← ガラスが割れた［結果］

(5) のように原因から結果を考える通常の推論と、(6) のように結果から原因を考えるアブダクションを比べるとわかるように、アブダクションは「因果関係における逆向きの推論」ということもできます。

注意しなければならないのは、アブダクションは、常に誤謬の可能性を帯びるので確実な方法とは言えないという点です。例えば、「窓ガラスが割れていた」という結果があったとき、なぜ、そのような結果が生じているのかを推測すれば、①誰かが意図的に叩いたという可能性のほかに、②何か飛来物が当たったとか、③自然に破裂した（いわゆる「熱割れ」）という可能性も想定できるわけですから、安易に①と断定することは危険です。その上で、①によって、矛盾なく説明することができるのであれば、①の可能性を採用し、当該の状況下において「何者かが割った」と仮定するのがアブダクションです。ただし、あまりに単純または極端な原因は慎重な判断が必要です。普段から素行が良くないからと言って、特定の人物を犯人扱いするのは論外でしょう。

誤謬の可能性を帯びるものの、アブダクションは科学的思考で常用されます。このような推論を導入したのは、アブダクションが不確定な推論ではあるものの、実は科学の中で普通に使われているからです。有名な例を挙げると、「リンゴが落ちた」という結果を踏まえて、「なぜリンゴの木からリンゴが落ちるのか」と原因を推論するのは、科学における有名なアブダクションにあたります。

(7) ［　　　　　　　　［原因］］ ← ［リンゴが地面に落ちた［結果］］

ニュートンは、「リンゴが地面に落ちた」ことの原因を「地球がリンゴをひっぱった」と推論し、そこから万有引力の法則に一般化したわけですが、このようなアブダクションが許されるのは、それによって現象が合理的に説明できるからにほかなりません。アブダクションという推論の手法が科学に導入されているのは、アブダクションを認めれば、原因について確定的なことがわからない場合でも、何も言わないでいる状態を避けることができるからです。アブダクションという手法によって、不確定ながらも仮説として原因を提唱することが可能になったというのが科学史的な位置づけです[2]。

では、国語科の文学教材に目を向けて、アブダクションの手法をもとに、『ごんぎつね』の「ごんは悪者だったか」という問いを立ててみましょう。本文に狐の「ごん」は「いたずらばかりしました」と記述されていますので、そうであるなら、わざわざ他人に「栗を届けたりしない」というのが通常の推論として成り立つでしょう。

(8) ［ごんはいたずら者だ［原因］］ → ［栗を届けたりしない［結果］］

(9) ［　　　　　　　　［原因］］ ← ［ごんは栗を届けた　［結果］］

一方で、本文の後半で、ごんが兵十に「栗を届けた」とありますので、「ごん

［2］ このようなアブダクションは、それによって十分に合理的な説明ができ、他の説明より妥当性が高ければ、社会的に許されることになっていますので、科学で用いられるだけでなく、裁判の判決や医師の診断にも用いられているようです。

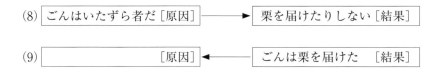

は栗を届けた」という結果から、その原因を推論するのがアブダクションです。ここでアブダクションを発動すると、少なくとも、兵十に栗を届けたという行為の結果から見れば、ごんは必ずしもいたずら者ではなかったと推論するのが妥当と言えます。冒頭で「いたずら者」とされていたごんが、いたずら者でないごんになったということは、どこかで変化が起きたということになります。その変化がどの段階で起こったかについては、本文に「おれと同じひとりぼっちの兵十か」と記述されている部分というのが一般的な理解でしょうか。この「おれと同じひとりぼっちの兵十か」の独白のあたりで、ごんの気持ちが大きく変わったとすれば、およそ次のように視覚化することができるでしょう。

つぐないをする日々 （反省後）	いたずら時代 （反省前）

ただ、ここでも少し疑いの目を持っていただきたいと思います。本当に、気持ちというのは、このように白から黒に変わるものでしょうか。仮に、大きな出来事を経験して、大きく気持ちが変わることがあったとしても、それでも登場人物のすべてを変えてしまうようなことはなく、変わらない部分もあると考えるべきではないでしょうか。

<table>
<tr><td>つぐないをする日々
（反省後）</td><td>いたずら時代
（反省前）</td></tr>
<tr><td colspan="2">変わらない部分</td></tr>
</table>

いわば「いたずら時代（反省前）」から「つぐないをする日々（反省後）」に変わっても、ごんの中に変わらない部分があってもいいわけで、そこには、ごんの本性といっていいものがあるのかもしれません。それは、もしかすると、「意地っ張り」というものではないかと思われます。

　その上で、もう１つ、「ごんは自分が栗を届けたことを気づいてほしかったのか」という問いを立ててみましょう。もし、兵十に気づいてほしいと思ったなら、自分が置いていったとわかるように置いていくだろうと推論できます。

(10) 気づいてほしい ［原因］ → 相手にわかるように置く［結果］

(11) ［原因］ ← こっそり置いていった ［結果］

ところが、本文の記述では「こっそり置いていった」とありますから、「こっそり置いていった」という結果から、その原因を推論すれば、「気づいてほしくない」という原因を導き出すことができるわけで、それがアブダクションによる推論の帰結であります。もちろん、アブダクションによる帰結である限り、間違っている可能性も考えなければならないわけですが、もし、ごんが「いたずら時代（反省前）」から「つぐないをする日々（反省後）」に変わっても一貫して「意地っ張り」というキャラクターであり続けたとすれば、アブダクションによって「こっそり置いていった［結果］」→「（栗を届けたのが自分だということに）気づいてほしくない［原因］」という心情の理解は、合理的に成立するものと思われます。

☞**アブダクションの教育的意味**

①アブダクションは、結果から原因を求める推論で、単に「登場人物の気持ちを想像すること」とは本質的に異なる。

②アブダクションは、日常でも科学でも用いられる手法であるので、使うことは問題ないが、間違っている可能性があることを忘れてはいけない。

③アブダクションは、日常でも科学でも用いられる手法であるので、間違っている可能性があることを忘れなければ、使うことに慣れておくべき手法である。

アブダクションに興味を持たれた方は、米盛裕二『アブダクション―仮説と発見の論理』（勁草書房, 2007年）が参考になると思います。先述の帰納的推論・演繹的推論を含めた推論全体を一般向けに解説した新書に、市川伸一『考えることの科学―推論の認知心理学への招待』（中央公論社, 1997年）があるほか、スキーマや推論など心理学的な概念から読解のプロセスを平易に分析した一般書に、秋田喜代美『読む心　書く心』（北大路書房, 2002年）があります。

●●コラム　ヒューリスティックス

人間が問題を処理する方法には、大きく、アルゴリズム（algorithm）とヒューリスティックス（heuristics）の２種類があります。アルゴリズムは、広く知られている一般性の高い教科書的知識で、数学の定理や物理法則のように、正しく適用される限り確実に問題を解決する手続きをいいます。これに対し、ヒューリスティックスは、個々の事例に基づく経験的知識で、絶対確実ではないものの、うまく適合すれば簡易に問題を解決することが期待できる方法のことです。ヒューリスティックスは、「発見的方法」あるいは「発見的手続き」と訳され、俗に「うまい方法」などとも言われます。いわゆる「勘」や「目分量」と呼ばれるものもヒューリスティックスに含まれます。

ヒューリスティックスは、日常のさまざまな場面で用いられます。囲碁や将棋などにヒューリスティックスな手法が多く見られますし、自然言語処理における文脈理解では、無限の可能性の中から有望な選択肢を絞り込むためにヒューリスティックスは不可欠となります。ヒューリスティックスは、正解と全く異なる解答を導き出す可能性を含んでいますが、問題解決に際して人間は常にアルゴリズムを持っているとは限らず、そもそも問題自体に正解を導き出すアルゴリズムが存在しない場合も多いため、ヒューリスティックスは日常的に援用されることになります。

１つの経験的な事例として、新幹線の自由席に乗るときの並び位置について考えてみましょう。始発駅でない途中の駅から新幹線の自由席に乗り込むとき、並ぶ位置によって座れる確率が違うと言われます。いま、先頭車両（１号車）から３号車までが自由席として、どの車両のどの乗降口で並んで待つのが確率的に一番有利でしょうか。

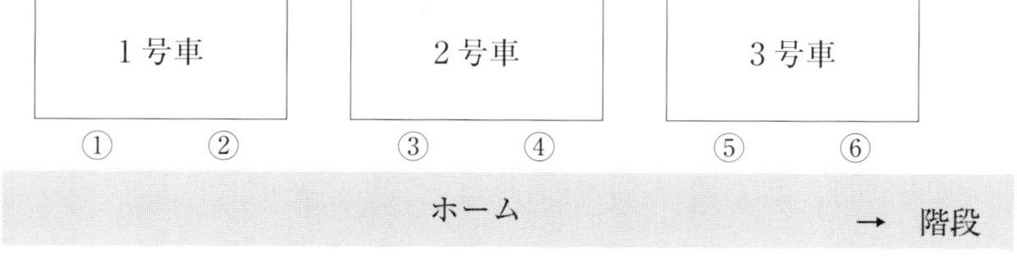

先頭車両（1号車）から3号車までの自由席に、それぞれ2つ乗降口がありますので、先頭方向から順に①～⑥とします。どの車両もほぼ同じ人数の人が乗車していると仮定するとき、特殊な条件を除けば、空席を得るのに最も確率が高いのは③の乗降口と推論されます。その理由は次の通りです。まず、どの車両を選ぶかを考えると、車両によって座席数に違いがあることに注目します。基本的に、奇数車両にはトイレや洗面所などが併設されていて座席数が少なくなっていますので、座席の数から言えば偶数車両に乗るのが有利です。このケースでは2号車です。2号車にある2つの乗降口③と④のうち、なぜ③の方が有利かというと、車両から降りる人は、車両から降りたら少しでも早く階段に向かおうとしますので、乗降口のうち、より階段に近い方から降りようとする気持ちが働くことでしょう。そのため、ホームの階段に遠い方の乗降口に並んだ方が、早く車内に乗り込めるため、席を確保できる確率が高くなるというものです。

この考え方は、経験的にはある程度妥当ではありますが、決して完全ではありません。これがヒューリスティックスというものです。

第4節＝反則を知らなければルールは守れない

言語学習において正しい用法を理解するために間違った用法を知ることの意味を考えたいと思います。

素朴に考えれば、正しい用法を覚えるためには正しい用法（だけ）を教えれば良いのであって、あえて間違った用法を教えることは逆効果だと思われるでしょうが、間違った用法を知ることは正しい用法の習得に一定の効果が期待できます。言語獲得の研究において、学習者が得る言語データは「肯定証拠（positive evidence）」と「否定証拠（negative evidence）」に分けられ、「肯定証拠」は簡単に言うと「正しい手本」であり、否定証拠は「間違った手本」をいいます。幼児の母語獲得においては「否定証拠」を提示しても効果的でないといわれる一方、第二言語学習では、むしろ効果が期待できるという研究があります。国語教育は、幼児の言語獲得と異なり、意識的な学習ですから、否定証拠の提示は効果があるものと思われます。具体的に、国語教育に必要な否定証拠とは、「間違った読み方」を（もちろん否定的に）教えることです。実際、読解において「間違った読み」として明確なものに、［矛盾］［無関係］［言い過ぎ］が挙げられます。このことについて、次の例で考えてみたいと思います（この文章は、環境省の地球温暖化影響・適応研究委員会が作成した資料を基に筆者が文章を整えたものです）。

例題　地球温暖化による影響は、気温や降雨などの気候要素の変化を受けて、自然環境から人間社会にまで、幅広く及んでいます。1906～2005年までの100年間で、世界平均気温は0.74℃上昇しました。温暖化の進行に伴い、世界各地で水不足、農作物の収量減少、海面上昇による海岸侵食等の被害が発生することが予測されています。オーストラリアでは、2006年の大干ばつによって小麦の生産量が前年比で約60％減少し、輸入小麦の約２割をオーストラリアに頼る日本でも小麦価格の値上がりなど大きな影響を受けました。

この文章を踏まえて、次の（ア）～（カ）の６つの読み（解釈）を引き出したとき、（ア）～（カ）のそれぞれについて、本文の内容と合致しているかどうかを判断してみてください。その判断は、「○」「×」「△」として、「×」と「△」をつけたものには理由を挙げてください。

（ア）地球温暖化の影響は深刻だ。
（イ）地球温暖化により、水不足や農作物の減収が予測される。
（ウ）地球温暖化の問題は将来の話ではない。
（エ）異常気象の影響は、世界の一部の地域に限られる。
（オ）海面上昇により海抜の低い島の消滅は避けられない。
（カ）我々は、地球温暖化について認識を改める時期に来ている。

いかがでしょうか。（ア）（イ）（ウ）は、本文の内容と合っており、○でいいでしょう。その上で、慎重に考えるべきものとして、（エ）は×、（オ）は△、（カ）も△、といったところでしょうか。このとき、（エ）が×になるのは［矛盾］を含むからであり、（オ）が△なのは［言い過ぎ］になるためで、（カ）が△なのは［無関係］という理由が適用できます。［無関係］というのは、本文に書いていないことを言っているという意味です。具体的に見ると、（エ）の「一部の地域に限られる」という記述は、本文の「世界各地で」という記述と完全に［矛盾］を起こしています。（オ）の「海面上昇により海抜の低い島の消滅」について、本文では「海岸浸食」とあり、「島の消失」ではなく、しかも「予想される」と記述されているだけですので、「避けられない」というのは［言い過ぎ］であります。また、（カ）の「認識を改める時期に来ている」というのは、本文で全く触れられていませんので、いわば［無関係］ということになります。ということで、答え合わせは次の通りです。

（ア）○
（イ）○
（ウ）○
（エ）矛盾
（オ）言い過ぎ
（カ）無関係（書いてない）

ここからわかることとして、（ア）～（ウ）の３つが妥当（○）ということは、文章を解釈するにあたって、正しい答えが複数あってもいいということです。この点で、たしかに「国語科は答えが１つに決まらない」と言われる通りです。同時に、（エ）（オ）（カ）は、妥当でない解釈として排除（否定）されなければなりません。ということは、内容が妥当であるなら解釈は１つに限られず複数あってもいいけれども、すべての解釈が認められるわけではなく、間違っているものは否定される、ということであります。そうすると、解釈するときに必要な知識として、間違っているものを見分ける基準（物差し）を持っていなければならないということがわかるでしょう。そうでなければ、間違いを自覚的に回避することができないからです。そのような間違いを排除する基準として典型的なのが［矛盾］［言い過ぎ］［無関係］であり、これらに該当するものは、間違いになるということを知れば、間違った解釈を自分で取り除くことが期待できます。これらの基準のうち、［矛盾］は本文の内容と明らかに異なるもので、［言い過ぎ］は、そこまでは言っていないというものです。［無関係］は本文に書いていないこと、あるいは、本文の記述からあまりに遠い内容をいいます。

このような［矛盾］［無関係］［言い過ぎ］という反則を踏まえ、『ごんぎつね』の内容に関する次の記述を検討してみてください。

（キ）兵十はごんが憎くて撃ち殺した。
（ク）ごんは、兵十と仲良くなりたかった。
（ケ）ごんは、生きていれば二度といたずらをしなかっただろう。
（コ）ごんは、お詫びの気持ちを行動で示した。

（キ）については、このような記述が本文にないことから［無関係］であり、（ク）も同様に、本文に記述がないので［無関係］であって、いずれも本文とは相容れないものと判断されます。（ケ）については、ごんは、たしかに兵十の母が亡くなった後で行動を改めたと記述されていましたが、その後も二度といたずらをしないというのは明らかに［言い過ぎ］になります。（コ）については、そのような明確な記述は本文にありませんが、アブダクションの考えを使えば、「栗を届けた」という行動の理由（原因）として「お詫びの気持ち」を想定することは不自然ではありませんので、アブダクションによって導き出されたものであれば○ということになるでしょう。

つけ加えるべきは、（キ）～（ケ）を検討するのに、「想像力」というものとは一線を画さなければならないということです。もし物語の読解に「想像力」の発動が許されるなら、（キ）も（ク）も（ケ）も、解釈としてOKということになりかねません。（キ）（ク）（ケ）を理性的に否定するためには、読解に「想像力」などというものを持ち込まず、［矛盾］［無関係］［言い過ぎ］のような反則を知って、使えるようになる必要があります。これによって児童・生徒が読み取っていいことと読み取ってはいけないことを学ぶことができれば、その知識は日常生活の中でも機能するものと思われます。その上で、「本文の内容に即して読む」という条件を外すのであれば、［矛盾］［無関係］［言い過ぎ］という反則を越えて、個々人の豊かな想像力によって話を広げたり飛躍させたりすることは自由と言っていいでしょう。それが許されるのは、あくまで「本文の内容に即して読む」という条件を外した場合の話です。

以上のように、いわば「悪い手本」を示す意味について述べてきましたが、このことの必要性は、スポーツの場合になぞらえて考えるとわかりやすいかもしれません。例えば、野球やサッカーで何をしたら反則になるのかを知らなければフェアプレーはできません。反則に関するルールがあるのに、それを知らなければ、知らずに反則を犯すという不本意な行為を招くからです。反則に関するルールを知るのは反則を犯さないためです。そして、他人の反則に気づくことができれば、自分の行為に対しても反則にならないよう意識的にコントロールすることができるはずです。

最後に、次の文章は、ある民謡歌手に対するインタビューの記事で、質問者から「なぜ民謡歌手になろうと思ったのですか」と問われたのに対する回答が文字化されたものです。

Q：なぜ民謡歌手になろうと思ったのですか？

A：母が自宅で民謡教室の先生をしていて、小学校のころは、学校から帰ると生徒さんが歌うのが聞こえてきたり、母が練習しているのを毎日のように聞いていました。そのころの私は、いわゆる洋楽が好きで、民謡に興味はありませんでしたが、中学卒業が近づくにつれて、少しずつ将来の仕事を考えるようになったとき、「自分にはどんな仕事が合っているかな」と漠然と考えるようになりました。そんなときに、母が民謡を歌う姿を見て、民謡にかける情熱やひたむきな仕事ぶりにあらためて触れ、「歌手もいいな」と感じ始めた気がします。音楽は嫌いではなかったし、人のしていないことをしてみたいという思いもありました。そして、「やってみよう」と思ったわけです。高校には行かず、別の先生のところに入門しました。母には習いたくなかったのです。その先生のもとで民謡の基礎から習うことになったのですが、どういうわけか、民謡の勉強なんかしたこともなかったのに、先生から「基本的な呼吸法ができてるね」って言われたんです。びっくりしました。小さいときから、母の民謡を聞いて、知らず知らずのうちに、息の出し方とか身についていたんですね（笑）。

さて、この民謡歌手の人は、質問者の質問に答えているでしょうか。何度か読み返しても、「なぜ民謡歌手になろうと思ったのですか」という問いに対する明確な理由は読み取れません。強いて理由らしきものを拾えば、①母親の影響を受けたことと、②音楽に興味があったことを挙げることができるでしょうが、それらが民謡歌手になった理由であるとは明確には言っていません。結局、この民謡歌手は、インタビュアーの問いに明確に答えていないということになります。重要なのは、上掲のインタビューの中の民謡歌手の発言を読んで、質問されたことに民謡歌手が明確に答えていないことを判断できるかどうかです。このようなインタビュー記事に登場するような人に対して「質問に答えていない」と批判的に判断することは、大人でさえ躊躇するかもしれません。そこには、冷静な判断と勇気が必要です。それでも、やはり「質問に答えていない」と判断できるだけの読解力を身につけることができれば、それを自分に向けることで、自分が質問を受けたとき、自分の回答が回答になっているかどうかを厳しく点検する姿勢を身につけることが期待できると思われます。

☞否定証拠の援用

文章の読解にあたって、文学教材であれ説明的文章（説明文）であれ、文脈の中で妥当であれば妥当な解釈が複数あってもいい。その一方、間違った解釈は許容してはならない。

読解における［矛盾］［言い過ぎ］［無関係］という考えについて、西林克彦『わかったつもり―読解力がつかない本当の原因』（光文社, 2005年）に詳しい解説があります。

第5節＝宣言的知識と手続き的知識

認知科学の分野で、ウィノグラード（Winograd, 1972, 1975）という人工知能学者は、知識というものを2つに分類しています。

1つは、宣言的知識（declarative knowledge）と呼ばれるもので、箇条書きできるような記述的・命題的な知識をいいます。例えば、「ブラジルの首都はブラジリアである」とか「クジラとイルカは動物学的には区別できない」とか「鷲と鷹も動物学的には区別できない」とか「蝶と蛾も昆虫学的には区別できない」というようなものです。宣言的知識は、ある程度の普遍性を持つ安定した知識ということが言えます。

もう1つが「手続き的知識（procedural knowledge）」と呼ばれるもので、環境変化と活動の関係に関する知識をいいます。環境や条件が変わるのに対応して、どのように活動（行動）するかということに関する知識です。例えば、自転車に乗ることに関して「平らなところをスムーズに走っているときは、軽く漕ぐか、漕ぐのをやめてもいいが、失速しはじめたら強く漕ぐ」とか「自転車が右に傾いてきたらハンドルを左に回す」などというのが手続き的知識にあたります。このとき重要なのは、「どのような平地であればどれくらい軽く漕げばいいか」「どれくらい失速したらどれくらい強く漕げばいいか」「どれくらい右に傾いたらどれくらいハンドルを左に回せばいいか」を行動として対応できるようになる必要があるという点です。手続き的知識は、頭の中で知っていればいいというものではなく、実際に行動したり対応したりできるところに価値があるものです。このほか、パソコンの操作やリコーダーの吹き方に関する実践的な知識なども手続き的知識に該当します[3]。

学習者の観点から言うと、手続き的知識は、必ずしも完全な形で言語化できるとは限らず、多くの場合、長期間にわたって反復練習することで習得するものであり、指導者の観点から言えば、人に何かを教えるためには、宣言的知識として人に説明できるようにしておかなければなりません。

国語教育における宣言的知識として、例えば「物語で登場人物の心情は、主に心情語・会話文・登場人物の動作や行動・登場人物の表情や態度から読み取れる」という宣言的知識があったとして、これに呼応した形で「地の文に『妹は顔を赤らめてプレゼントの箱を開けた』と書いてあれば、そのとき妹が恥ずかしがっていたことがわかる」というのが手続き的知識にあたります。「妹」は、「顔を赤らめる」こともあれば別の表情を見せることもあり、それによって、心情も変わるからです。

では、宣言的知識と手続き的知識を文章から導き出す練習をしてみたいと思います。2つの知識が持つ特徴を援用して、「静態的知識」と「動態的知識」という概念を導入すると、宣言的知識に相当するのが静態的情報で、値が確定している情報であり、手続き的知識に相当するのが動態的情報で、値に変数を含む情報をいうものとします。具体的な事例研究として、スポーツ記事を1つ取り上げたいと思います。次に挙げたのは、2013年の6月に行われ

---

[3]　宣言的知識と手続き的知識の差異を簡潔に整理すると、宣言的知識は、俗に knowing-what（何であるかを知っていること）であり、手続き的知識は knowing-how（どうすればいいかを知っていること）ともいわれます。

たバレーボールの世界ジュニア女子選手権大会に関する記事の一節です。ここから、①静態的情報（宣言的知識）と②動態的情報（手続き的知識）を取り出すことを試みてください。

> 第17回世界ジュニア女子選手権大会は、ブルノ（チェコ）で準決勝が行われ、日本は2011年に開催された前回第16回大会で優勝し、大会2連覇を狙うイタリアと対戦。セットカウント3－1で勝利し、見事決勝戦に進出しました。日本が決勝戦に進出したのは、銀メダルを獲得した1985年の第3回大会以来、28年14大会ぶり2回目です。セミファイナルのもう1試合では、中国がブラジルを退け、決勝戦に駒を進めました。この結果日本は決勝戦で、1次リーグ戦でストレートの敗戦を喫した中国と、再戦することが決定しました。日本が決勝戦で勝利すれば、大会初優勝となります。

この記事からわかることを整理してみましょう。まず、〈書いてあること〉のうち、確定的な情報（静態的情報）は、「準決勝で日本がイタリアに勝ったこと」であり、そこからの推論として、「決勝戦に進出すること」も成り立ちます。また、「決勝戦の対戦相手が中国であること」も成り立ちます。動態的情報としては、決勝に進出することが決まり、対戦相手が中国であることがわかっていますから、「決勝戦で中国に勝てば優勝」「決勝戦で中国に負ければ準優勝」という推論が成り立ちます。〈書いていないこと〉としては、「中国がブラジルに準決勝で圧勝だったか辛勝だったか」が挙げられます。〈書いていないこと〉に気がつくのは、やや高度な読解力ということになるでしょうが、成人になって書類や資料を読むときには必要とされる読解力であることは指摘しておきたいと思います。

物語で言えば、設定、登場人物、関係は静的情報にあたります。では、登場人物の気持ちはどうでしょう。登場人物の気持ちは、〈書いてあること〉もありますが、すべて書かれているわけではありませんので、〈書いていないこと〉もあります。〈書いてあること〉とは、テキストから読み取ればいいわけですが、〈書いていないこと〉を読み取ろうとしていないでしょうか。もし、〈書いていないこと〉を読み取ろうとするならば、前述した正当な推論を援用する必要があるのであって、決して想像（力）で考えることをしないようご注意いただきたく思います。

☞知識の 2 分類

文章読解から導き出せる情報は、宣言的知識（静態的情報）と手続き的知識（動態的情報）に分けて整理することができる。

第5章

国語教育と関連領域との共生

第5章では、国語教育を学際化という視点から捉えてみたいと思います。第1節で学術研究における学際性について概観した上で、国語教育が学際性を高める中で関連領域から知見を得ると同時に、一定の制約を受けることの意味と必然性を見ます。その上で、第2節から第5節にかけて、国語教育を取り巻く関連分野に目を向け、広い視野で国語教育を捉え直す具体的な知見を示したいと思います。個別のトピックとして取り上げるのは、コミュニケーション論、間身体性、心の理論、アフォーダンスの4つです。

第1節＝関連領域との学際関係――支援と制約の相互作用

「学際的（interdisciplinary）」というのは、2つ以上の異なる学問領域が有機的に関係し合うことをいいます。そもそも、学術研究の研究領域というのは、単独で孤立しているというより、他の研究領域と関係しながら存在するものです。

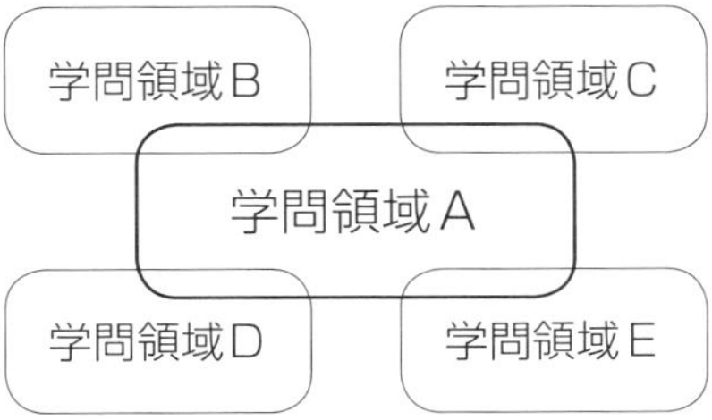

図1

この図でいう「学問領域A」「学問領域B」「学問領域C」「学問領域D」「学問領域E」というのは、要するに、「○○学」ということです。例えば、「地震学」という研究領域を考えるとき、地質学、海洋学、気象学、火山学、鉱物学など地球物理学に関する分野のほか、統計学、測地学、防災科学とも関連を持ちますし、過去に発生した地震の記録を見るため、郷土史家も加わって歴史学に関する情報の交換も図っているようです。古文書の読解から得られた記録や史実も地震学に貢献するからです。

さて、学際的な関係には2つの方向があります。隣接する研究領域に知見を与える方向と、隣接する研究領域から知見を受ける方向です。いずれにしても、当該の研究領域にとってデメリットは何もありません。まず、隣接する研究領域に知見を与える方向で言えば、当該研究領域の研究成果が別の研究領域の研究を促進したり、別の研究領域が問題解決に貢献したりしたならば、学際的に大きく貢献したことになるわけですし、隣接領域から、例えば「その分析は、分野の異なる私たちの分析と原理的に一致する」とか「その分析は、私たちの分析結果をサポートする」というような言及があれば、高い評価を得たものと考えていいわけです。逆に、隣接領域に対して、何も与えることができない領域は、学際性の観点から言えば、役立たずということになります。国語科教育が、学際的に貢献する（役に立つ）ということは、国語科教育以外の研究領域で援用（引用）されるということです。一方、学際的に隣接領域から知見を受ける方向で言えば、隣接領域の知見を引用することですが、援用するという面があると同時に、制約を受けるという面もあります。

では、国語科教育はどうでしょう。国語科教育は、上位領域にあたる教育学のほか、その内容に関わる国語学・国文学と積極的に関連するはずです。また、近年、国語科教育でもコミュニケーション能力が課題とされるようになっているという点ではコミュニケーション学も隣接するでしょうし、教育方法に心理学（とりわけ、教育心理学、発達心理学、認知心理学など）との関連が深いことも間違いありません。さらに、国語科教育の世界では、どういうわけか、歴史的研究が好まれるようで、その点では、本来的に歴史学の方法論も国語科教育に影響を与えるはずです。このような関係を視覚的に表せば、次のように整理できます。

図２

このほか、認知科学も隣接領域として国語科教育に知見が取り入れられつつありますし、国語科教育における歴史的研究は、過去の教育者に関する伝記的なものが多く、それは実践的な教育学を離れ、むしろ社会思想史に近いように見られます。

では、上で触れた「支援」と「制約」について、もう少し詳しく説明します。「支援」と「制約」は、国語科教育が隣接領域から知見を受ける方向においても、国語科教育が隣接領域に知見を与える方向においても成立します。

まず、学際的に隣接領域から知見を受ける方向で言えば、隣接領域の知見を引用することですが、それは援用するという面があると同時に、制約を受けるという面もあります。例えば、経済学や英語教育で統計の手法を使うとき、統計学の研究知見を援用するという点で支援を受けることができますが、それと同時に、統計的な妥当性を担保するために「検定」の手続きを経なければならないという点で制約も受けることになります。支援を受けると同時に制約を受けるというのは、学問分野が隣接関係にあるときの必然的な相互作用です。したがって、「統計的な手法は利用するが、検定はしない」というような援用のあり方は許されません。そのような制約を受けるからこそ、当該分野における研究成果の妥当性が客観的に保証されるからです。

ところが、国語科教育は、どういうわけか隣接する関連領域との学術交流を嫌う向きがあるようです。国語教育のベテランの研究者でさえ「なぜ国語教育が言語学の知見を取り入れなければならないのか」と激高される方もいましたし、若手の中にも、言語研究の立場からの助言に対し「国語教育の中で研究していますから、ほかの領域の人は意見しないでほしい」と反発した院生もいました。もちろん、他の領域からの制約を嫌うのは、私が以前に出会った特定の数人に限られるかもしれません。

ところで、学際性の視野を広く採ると、直接的な隣接関係にない分野とも間接的に影響し合うこともあります。「アナロジー」と言われる現象です。ホリオークとサガード（Holyoak and Thagard, 1998, 邦訳書 310 頁）によると、ガリレオ・ガリレイは、1630 年に出版された『天文対話』において、地球と月を比較し、「両者とも球形で、暗く、不透明で、固体で、中が詰まっていて、明るいところと暗いところがあり、陸と海がある」と分析した上で、月が軌道上を動いていることを踏まえて、地球も同様に動いているのではないかとの着想（地動説）を得たとあります。関連する学問領域に限らず、広く知識を持つことは、自分が専門とする領域を発展させることにつながる可能性を持つということであり、その意味でも、決して自分の専門領域に閉じ籠もってはいけないということであります。

もう１つの事例として、医学とのアナロジーで言えば、医学に「根拠に基づいた医療（evidence-based medicine）」という概念があります。医学の世界で、医者が患者を治療するとき何をするか、何をしないかを考えてみてください。無闇に注射を打つわけでもなく、闇雲に新しい治療法を施術するわけでもありません。最初にすべきことは、言うまでもなく、まず患者を診ることであり、目の前の患者の現状を観察し、それまでの経緯について情報を得ることにほかなりません。〈熱が高いのか平熱なのか〉〈炎症を起こしている部分はないか〉をみます。熱があれば解熱剤を投与するでしょうし、喉が腫れているなら炎症を抑える薬を出すでしょう。そのような措置は、診察して初めて実行されるのであって、たとえ最新の治療法を心得た勉強熱心な医者であっても、目の前にいる患者の実態を正確に把握することなしに、その治療法を試すようなことはありません。ひるがえって、教員はどうでしょうか。最初に児童（生徒）を見て現状を観察し、それまでの経緯について情報を得る努力は前提になっているでしょうか。たとえ最新の指導法を心得た勉強熱心な教員であっても、目の前にいる児童（生徒）の実態を正確に把握することなしに、その指導法を試すようなことはしてはなりません。アナロジーという発想法を十分広い意味で考えるとき、国語科教育にとって有意義な発想をいくつも得ることができます。

☞隣接領域との学際的関係

隣接領域と学際的であるということは、隣接領域から知見を吸収するとともに、隣接領域に知見を提供できなければならない。隣接領域から知見を吸収することは、支援を受けることであると同時に制約を受けることでもある。

国語教育に対して相対的な視点を持った最近の著作に、渋谷孝『国語科教育はなぜ言葉の教育になり切れなかったのか』（明治図書出版, 2008年）や有元秀文『まともな日本語を教えない勘違いだらけの国語教育』（合同出版, 2012年）があります。

●●コラム　反証可能性

科学的研究とはどういうことでしょうか。ポパー（Karl Popper, 1959）というイギリスの科学者は、科学であることの条件（科学の定義）として、「科学理論は実験（客観的データ）によって反証可能でなければならない」と主張しました。反証可能ということは、簡単に言うと「否定しようと思えば、否定する方法がある」ということです。わかりやすい例を挙げると、「すべてのカラスは黒い」という命題は、反証可能です。これを反証するには、一羽でも「黒くないカラス」の存在を示せばいいからです。

反証可能性という考えを別の観点から言うと、理論（仮説）が正しいということを観察や実験によって積極的に証明することはできないということです。もちろん、観察や実験によって理論（仮説）の正しさを実証することは必要ですし、一度や二度の成功で信用されるわけではありませんので、10回、100回と重ねることで信頼度が高まるわけですが、たとえ、多くのデータを重ねていって理論の正しさが支持されたとしても、あくまで「妥当性が高まった」ということであって、完全に正しいとはいえないというのが反証可能性（falsifiability）の考え方です。言い換えると、「反証（否定）しようと思えば否定する方法はあるはずなのに、まだ反証できていない」という不完全な状態が、実は最新の科学であって、科学的知見というのは、そういうものであります。

むしろ、重要なのは、自然科学に限らず人文科学でも社会科学でも、研究である以上は、反証可能性を持たなければならないということです。反証可能でないということは、例えば、「私の体内には神が宿っている」という命題は、そもそも反証しようがありませんから、科学ではないということになります。反証可能性が求められるのは、教科教育も同様です。高名な教育者が著した「教師がいじったからといって、個性は壊れたりしません」というフレーズも、反証されない限りは正しい仮説として維持されますが、反証されてしまったら、どんな偉大な教育者のお言葉であっても、理性的に否定されなければなりません。そもそも反証可能性を持たない理論（仮説）は、ニセ科学（疑似科学）にほかなりません。反証可能性あるいは科学的研究というものがどういうものであるかについては、竹内薫『世界が変わる現代物理学』（ちくま新書, 2004 年）や村上陽一郎『新しい科学論』（講談社, 1979 年）をご参照ください。

第 2 節＝関連領域からの支援事例（その 1）
――コミュニケーション再考

第 1 節では、国語教育を学際化という視点から捉え、隣接領域からの支援と制約について述べました。この第 2 節では、隣接領域の 1 つとしてコミュニケーション論について考えてみたいと思います。

さて、コミュニケーションとは何かと問うならば、「情報を伝達すること」あるいは「気持ちを伝えること」と書いてある教科書や概説書も多くありますし、そう思っている人も少なくないかもしれません。この伝統的な考えに従えば、コミュニケーションは次のようなモデルで表せることになります。

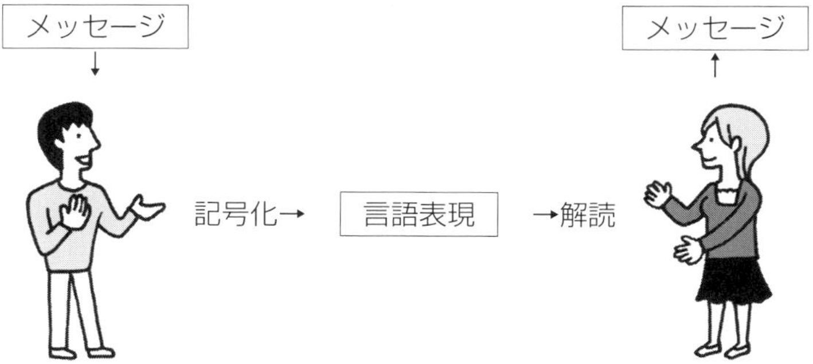

図3

図3のモデルは、左側のAさん（男性）がメッセージ（伝達内容）を持ち、言語という形に記号化（encode）し、それを右側のBさん（女性）が解読（decode）することでメッセージを受け取るというプロセスを表しています。ここでいう「メッセージ（伝達内容）」とは、要するに「言いたいこと（伝えたいこと）」です。その「言いたいこと」は、目に見える物理的な出来事かもしれませんし目には見えない主観的な感情かもしれません。それを何らかの「ことばに表す」というのが記号化です。このときの「ことば」とは、日本語でもかまいませんし英語でもかまいません。また、日本語で表すにしても、いろいろな表現があるわけですから、その中のどれを選ぶかはAさんの選択に委ねられます。第2章で挙げた例で言えば「女性が私を追いかけてくる」ということもできますし、「私は女性に追いかけられる」ということも可能なわけです。記号化された言語表現はBさんによって解読されますが、ここでいう「解読」とは言語表現からメッセージ（伝達内容）を解釈すること（読み取ること）であり、それによってAさんのメッセージ（伝達内容）を受け取るということになります。

図3のようなコミュニケーションモデルは、非常に常識的ですし、うまくコミュニケーションの流れを記述しているように見えますが、しかしながら、現実のコミュニケーションを考えると、深刻な問題点を抱えています。つまり、上述のモデルでは、発話に先立ってメッセージが用意されており、それを伝えようとする意図が前提になっていますが、実際には、常に会話の参与者が最初から明確なメッセージを持っているわけではないという点です。これに関連して岡田美智男（1997）が指摘したのが、会話（話し言葉）に

おける「漸次性」という特徴です。会話（話し言葉）が漸次的であるということは、伝達したいことが初めから確定していなくても、会話の進行に伴って徐々に伝達内容が固まっていくということです。その過程で、伝達内容は会話の流れや相手の発話内容に影響を受けますから、伝達内容の構築は会話の相手との共同作業という性格を帯びるとも言えるでしょう。このように、最初に明確なメッセージが用意されていない状態から会話を始めても、会話を進めていく中で、半ば即興的にメッセージが作られていくということもあるわけで、そうしたケースを図3のモデルは説明できません。

また、情報の伝達という側面についても、たしかにコミュニケーションの一部ではあるでしょうが、そう考えると説明がつかない現象も指摘されています。その典型が「雑談」です。岡田美智男（1997）らは、一連の研究で日常的な「雑談」を観察し、自然な会話の中には、相手の発話が終了する前から別の人が喋り始めるという、いわばオーバーラップの現象が頻繁に認められたといいます。ある対話の場合、応答発話の過半数に2人の発話のオーバーラップが起こっており、全体の対話時間は2人の話者の発話時間の合計に対して13%も短い時間だったといいます。つまり、単純計算で13%にオーバーラップが起こっていたということになります。また、オーバーラップのとき、しばしばユニゾンと呼ばれる現象が観察されるといいます。ユニゾンとは、2人が同時に同じ語句を発することで、いわば声を揃えて同じことを言う現象です。ユニゾン的な同時発話を観察すると、会話の参加者たちが身体の同調を愉しんでいるように感じられるといいます。こうしたことから考えると、「情報の伝達」という規定は、私たちが「コミュニケーション」と思っている行為の本質的な部分ではないということが見えてきます。情報伝達を目的とするなら、発話のオーバーラップは非効率で、むしろ避けられるべきことだからです。

いま、上掲の図3のような従来のコミュニケーションタイプを〈対話〉と呼び、雑談に代表される共感的なコミュニケーションタイプを〈共話〉と呼ぶとします。〈共話〉というのは、日本語研究において水谷信子（1980, 1993, 1995）で提唱された概念です。ここで重要なのは、〈対話〉と〈共話〉のどちらがコミュニケーションの本質的な側面かということではなく、両者を区別して考える必要があるということです。〈対話〉は、必ずしも楽しい時間を過ごすとは限りませんが、伝達内容の確実な伝達が重視され、とりわけ、わかりやすさに重点を置いて指導することが必要になります。わかりやすさの中には、論理的であることや効率的であることが含まれますし、論理的であるためには順序や因果関係などに不自然なところがないようにすることが求められ、効率的であるためには余剰も不足もないことが求められます。同時に、重要な部分については意図的に繰り返すこと（重複）は必要であり、無駄な重複を避けることと効果的な重複は必ずしも自然に上達するものではありませんから、系統的に指導されなければならないでしょう。一方の〈共話〉は、友好的な人間関係の充実や維持に関わる点で教育的な意義が大きいように思われますが、メッセージを確実に伝える行為ではありません。そもそも、〈共話〉は無目的な行為ですから、それに目的を設定することは自己矛盾を招きます。それでも、やはり懸念されるのは、教育的な立場から見る人の中に、〈共話〉といった美名に惹かれて、〈共話〉を過度に評価する人がいるのではないかというところですが、むしろ、教育的な見地に立つ場合こそ、〈共話から対話へ〉の方向で考える必要があると思われます。というのも、辻大介（2005）が社会学の立場から指摘しているように、若者層の会話は〈対話〉から〈共話〉の方向に変容する傾向がありますし、そもそも共話は自然発生的な現象であって、強いてその促進に教師が立ち入るものではないからです。

ここで、〈雑談〉〈対話〉〈共話〉を、遠近関係の観点から１つのスケール上に位置づけると、次のように図示できます。

〈雑談〉　　　〈共話〉　　　〈対話〉

近 ◀――― 対人的距離 ―――▶ 遠

雑談には２種類が観察されます。１つは、共話的な雑談で、女子高生の会話のように互恵的で愉しい歓談であり、共話に位置づけられるものです。もう１つは、交話的な会話で、愉しいとか互恵的なものではない機械的な会話です。例えば、社会ニュースで「容疑者は雑談には応じるものの事件の核心部分については何も話そうとしない」などという場合の「雑談」で、愉しみを共有するようなものではなく、いわば腹の探り合いのような断片的な会話状態も雑談と呼ばれています。

対話と共話を見比べた上で、両者の関係を考えます。この点について、水谷信子（1993）は、〈対話から共話へ〉という方向性を明確に示しています。対話から共話への移行というのは、水谷信子（1993）の記述を借りれば「知っている者同士の話し合いから知らない者同士の話し合いへ」という方向への切り替えであります。ここでいう意味での〈対話〉においては、相手は必ずしも協力的ではないかもしれませんし、自分の意見を受け入れてくれるとは限らないわけですから、その中で自分の意思や意見を相手に理解させることは、やはり練習が必要であり、この点にこそ教育的な関与が求められるからです。

それでは、ここで、対話と共話を包括するコミュニケーション論に話を戻しましょう。「コミュニケーション能力」や「コミュニケーション不足」というとき、しばしば〈対話〉と〈共話〉が混同されています。それは、表面的には〈対話〉の重要性を説きながらも、〈共話〉の効果を期待しているものがあるように見えるからです。〈対話〉としてのコミュニケーションは、いわば論理的なコミュニケーションであり、論理的コミュニケーション能力として「スキル」を身につけることが目標になるのに対し、〈共話〉としてのコミュニケーションは、難しいスキルよりも、相手を楽しませることに関する配慮を丁寧に示すことが必要になります。例えば、「教員同士のコミュニケーションが不足している」というとき、正確で十分な量の情報が周知されていないという意味であれば〈対話〉が不足しているということになりますし、普段からの人間関係や信頼関係が希薄ということなら〈共話〉が不足しているということになりますが、単に「コミュニケーション不足」と言ってしまうと、どちらの側面が問題なのか、あるいは本当に両方とも必要なのかが見えなくなる可能性があります。一方で、「地域の人にコミュニケーションの場を提供する」というときや「家族団欒のコミュニケーション」というときの「コミュニケーション」は、共話的なものでしょうから、難しいスキルを説く必要はないわけです。総理大臣が「国際関係が拡大している中で、問題があるときにはコミュニケーションを緊密にすることが必要だ」と発言したときの「コミュニケーション」も、正確な情報を共有するという意味での〈対話〉と、連携関係が良好であることを確認する意味での〈共話〉の両方が含まれるものと解釈できます。また、一般社会では、例えば、同じ会社に勤めている人同士であれば、正確な情報伝達（＝対話的コミュニケーション）は研修という形でトレーニングされるわけですから、むしろ共話的コミュニケーションを図るために職場を離れて飲食をとるような機会が設けられるわけですが、学校においては、クラスの友人が一緒にいて楽しめる関係（共話的コミュニケーションを享受できる関係）にあるならば、正確な情報伝達（＝対話的コミュニケーション）の練習を重ねることになるでしょうし、もし、クラス内で共話的コミュニケーションを享受できる関係ができていないなら、まず、そのような関係を築くことが必要になります。

なお、論理的な〈対話〉もさることながら、友好的な〈共話〉の方に関心を持たれた人もいらっしゃるかと思いますので、共話の成立基盤について、間身体性という観点から次節で解説を加えたいと思います。

☞コミュニケーション再考

コミュニケーションを〈対話〉と〈共話〉に区別すると、〈共話〉では相手との場と時間の共有を楽しむことが目的になるのに対し、〈対話〉では論理的な情報伝達に重点が置いた指導が必要となる。

第3節＝関連領域からの支援事例（その2）——間身体性

前節で触れた共話的なコミュニケーションがどのように成立するかについて、間身体性の観点から哲学的基盤を補強しておきたいと思います。

間身体性（intercorporeality）というのは、現象学で有名なモーリス・メルロ＝ポンティ（Maurice Merleau-Ponty, 1908-1961）というフランスの哲学者が提唱した概念で、メルロ＝ポンティ自身も明確な定義を与えているわけではありませんが、およそ「同じ（人間という）身体を持つもの同士が1つの世界を共有し、同じ（人間という）身体を持っているという点でつながっている関係」と考えていいと思います。1つの世界を共有するということは、自分が他人を見る（知覚する）とき、自分と他人は〈見る〉という行為の場に共存し、〈見る人〉と〈見られる人〉の関係でつながっているということです。〈見る人〉と〈見られる人〉の関係は、同じ身体を持つもの同士で入れ替わることができるとされ、相手が自分を見るときには、自分が相手を見るのと同じことが相手の中で起こっていると理解できるようになるという説明になります。

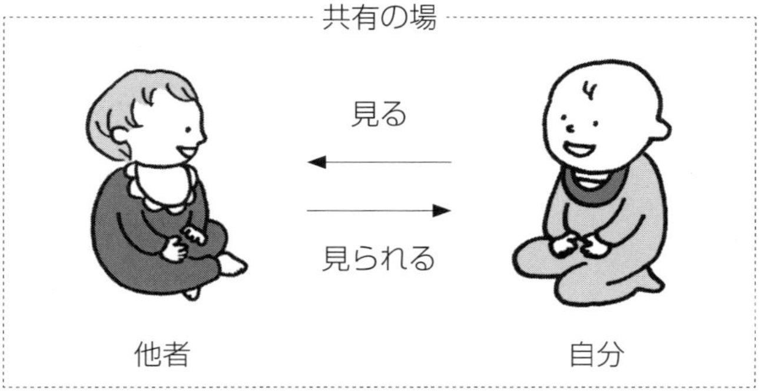

図４

要するに、自分の中の〈見る〉という行為が理解できれば、相手の中の〈見る〉という行為も自分と同じであるという理解が成り立つというものです。大雑把ではありますが、これが他人の行為を理解する「間身体性」の概要です。

自分と相手が同じ身体を持つ者同士という関係でつながっていることを前提に考えると、相手の行動を理解すると、特定の行動は特定の感情と結びついて現れることから、特定の行動と結びつく特定の感情も理解できるようになるとされます。例えば、〈笑う〉という行為は〈楽しい〉という感情と結びつきますので、相手が〈笑う〉ときに抱く感情は自分の中で〈笑う〉ときに抱く感情と同じであるという理解ができるわけです。

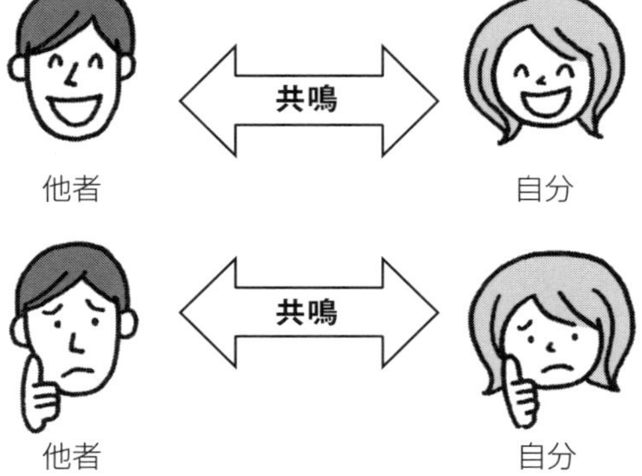

同様に、〈泣く〉という行為と〈悲しい〉という感情が結びつく限りにおいて、相手の〈泣く〉という行為から相手の〈悲しい〉という感情を理解することができるようになってきます。このような理解を通して、相手と自分が楽しさや悲しさを共感し、共鳴し合うという関係が生じます。これが、間身体的なコミュニケーションの基本構造ということになります。

このような間身体的な共鳴を経て、相手の感情を理解する段階に進みます。そのメカニズムは、およそ「自分の身体と相手の身体は同じなのだから、自分が自分の身体で感じるのと相手が相手の身体で感じるのも同じだろう」というものです。これによって、自分が笑っているときの気持ちと他人が笑っているときの気持ちは同じであり、自分が頭をぶつけて痛いと感じるのと他人が頭をぶつけて痛いと感じるのも同じという理解ができるわけです。間身体的な共鳴を通して他人と主観を共有するようになったものが「間身体的主観性」と呼ばれるものであり、すなわち間主観性（→ 11 ページの［コラム］参照）なのです。

その上で、間身体性の観点から共話的コミュニケーションを見ると、「自分が気持ちいいことは相手も気持ちいい」わけですから、相手を喜ばせるようなことを言って相手が喜べば自分も楽しくなるわけですし、自分が言いたいことを言って楽しむことができれば、相手も一緒に楽しむことができることになります。つまり、共話的コミュニケーションは、自分と相手が楽しいことを共有する行為であり、その意味で「楽しいコミュニケーション」はあっても、楽しくないコミュニケーションはあり得ないことになります。楽しくないコミュニケーションが起こるとすれば、例えば、一方の人が楽しいと思って話したことが、他方の人にとって自慢話に聞こえたり、自分にとって触れてほしくない部分だったりするときなどであり、それは、結果から見て「相手を喜ばせる内容」でなかったことに起因するものであります。そのような行為は、相手を喜ばせようとする点で利他的であり、自分も楽しみたいという点で利己的でもありますが、利他的側面と利己的側面が矛盾せず両立するところに共話的コミュニケーションの特徴が伺えます。

ところで、間身体性は、哲学や心理学の領域で発展した概念ですが、脳科学の領域で間身体性の妥当性を示す証拠となるものが 1990 年代に発見されました。それがミラーニューロン（mirror neuron）と呼ばれる神経細胞です。ミラーニューロンというのは、他者の行動を自分の脳内でミラー（鏡）

のように映し出す神経細胞のことであり、ミラーニューロンの働きによって、相手の行動を見たとき自分が同じ行動をしているかのように反応し、その行動（や行動に伴う感情）を脳の中でシミュレーションすることができるとされます。ミラーニューロンの形成は、生後間もない赤ん坊のときから始まっており、模倣学習を支えていると言われています。

☞**間身体的なコミュニケーション**

原始的なコミュニケーションは、お互いに同じ身体を持っていることを前提に、同じ動作を共有し、同じ感情を共有するところから始める。

ミラーニューロンは、第３章の第６節で取り上げた〈模倣学習〉とも関連します。ミラーニューロンに興味を持った方は、イアコボーニ（Iacoboni, 2009）の邦訳があり、全体像を平明に解説していますので、参照されるといいかと思います。

第４節＝関連領域からの支援事例（その３）――心の理論

次に取り上げるのは「心の理論（theory of mind）」です。

心の理論とは、他人の心の状態を想像したり他人の行動を理解する能力をいいます。心の理論は「人が他人の心や行動を理解できるのはなぜなのだろうか」という問いに対する１つの解答として位置づけられるもので、簡潔に言えば、他人の視点に立って考える能力のことです。この能力が人間に備わっていると考えることで、他人にも心があること（心的状態の帰属）を理解し、他人の心の働きを理解し、それに基づいて他人の行動を予測することができると説明されています。

心の理論で中心的なテーマの１つに「誤信念課題」と呼ばれるものがあります。誤信念課題というのは、「心の理論」の発達を検査するテストです。誤解を招きやすいネーミングですが、「間違ったことを信じ込んでいるかどうか」を試すものではありません。「他者が自分と違う信念を持っていることを理解できているかどうか」を検査するものです。誤信念課題にもいくつかのパタンがあるようですが、典型的な事例としては、幼児に次のようなストーリーを聞かせる課題が挙げられます。

女の子が部屋で遊んでいます。
クマの人形を黄色い箱に入れました。

女の子は部屋を出て行きました

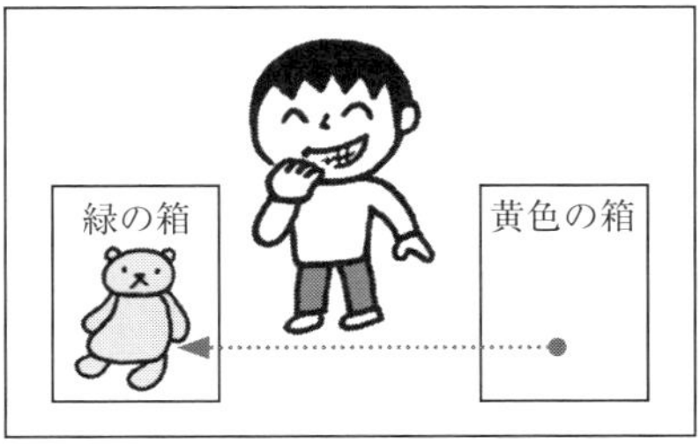

男の子が入ってきて、クマの人形を
黄色い箱から緑の箱に移し替えました。

女の子が部屋に戻ってきました。
どちらの箱を開けるでしょうか。

このようなストーリーを聞かせた上で、最後に「女の子はどちらの箱を開けるでしょう」と質問する意味は、被験者の幼児はストーリー全体を聞いていますから、クマの人形が緑の箱にあると理解しているのですが、ストーリーの中の女の子は男の子がクマの人形を移し替えたことを知らず、したがって「女の子はクマの人形が黄色い箱に入っていると思っている」ことを被験者が理解できるかどうかを調べることにあります。この実験において、3歳児は「緑の箱を開ける」と答えるのに対し、5歳児になると「黄色の箱を開ける」と答えるといいます。つまり、3歳児では女の子の心理状態を理解できず、5歳児になって理解可能になるということになります。上述の実験では被験者の子どもがすべてを知っていることになっていますが、実生活では、自分が知らない側になるかもしれません。その可能性を考えれば、自分より他人の方が多くの情報を持っているかもしれないという可能性や、他人には自分には見えないものが見えている可能性を知らなければならないことをも理解できると思います。

対人関係の観点から見ると、心の理論は他者理解につながります。他者理解は、学校の中で教育的に重要なだけでなく、一般社会でも重要であることに変わりありません。むしろ、一般社会において他者理解が大切だからこそ、学校社会でも重要であると考えるべきでしょう。具体的には「相手が何を知っているか」「何を知らないか」を理解し、「何を求めているか」を考えることが重要だからです。

この観点から、ウイマーとドハティー（Wimmer and Doherty, 2011）は心の理論と多義図形を関連づけています。次の図は、よく知られた多義図形で、アヒルとウサギの両方を含んでいます。

図５

大人であれば、アヒルとして見ることもできますし、ウサギとして見ることもできるのですが、幼児は同時に２つの生き物として見ることができないといいます。図５の多義図形は、そのまま見続けても、あくまで２つの生き物が中途半端に描かれているにすぎず、ここに何の動物が描かれているか決めるのは認知主体（この絵を見ている人間）の仕事です。その際、すでに知識として持っているアヒルのスキーマあるいはウサギのスキーマを発動し、重なり合うと判断できたとき「見えた」という認識が成立するわけです。

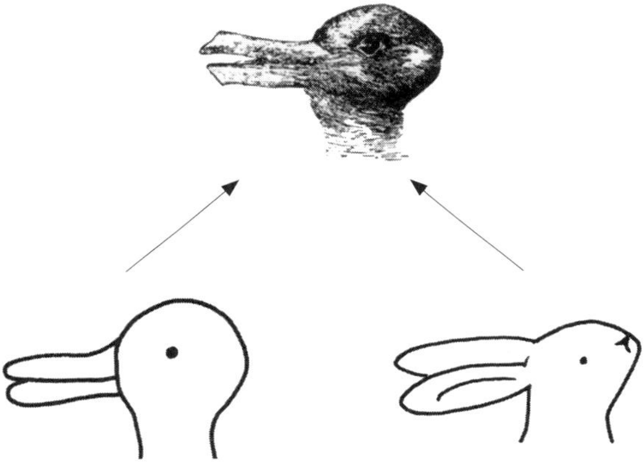

図６

つまり、上の図５から情報を読み取るだけで解釈しているのではなく、アヒルやウサギのパタンを当てはめて理解しているということです。加藤 (2013) によると、３歳児は、一度アヒルとして見てしまうとウサギとして見ることができず、一度ウサギとして見てしまうとアヒルとして見ることができないと言います。同じ絵 (多義図形) に２つの解釈を与えることができないということは、一度１つのパタンを当てはめると、そのまま解釈が固定されて別のパタンを当てはめることができなくなるということです。実際、同じ絵を２回 (別の絵であるかのように) 提示すると、２つ目の解釈を与えることができるようになるといいます。加藤 (2013) の分析を援用すると、３歳児の段階では、〈実際にあるもの〉と〈見えているもの〉を分けて考えることができず、５歳児になると２つの生き物を相互に解釈できるようになるということです。

ここで重要なのは、５歳児が２つの生き物を相互に解釈できるようになるということは、〈実際にあるもの〉と〈見えているもの〉を分けて考えることができるようになることを示しているという点です。実際にあるものと見えているものを分けて考えることができると、そこではじめて、自分に見えているものと他人に見えているものが違うことを理解できる前提ができるということです。逆に言えば、実際にあるものと見えているものを同一視してしまう段階では、自分に見えているものと他人に見えているものが違うということはあり得ませんから、他者の心を理解するという前提がありません。

一般に、5歳以上の子どもであれば誤信念課題をクリアできるわけですから、小学生（以上の人）に対して誤信念課題を試す必要はありません。むしろ、小学生に対して誤信念課題を提示する意味としては、日常の偶然の出来事によって自分と他人の理解に違いが出ることを学ぶという点にあるといっていいと思います。

心の理論は、他者理解という点で人間教育の基本に位置づけてもいいほど重要な概念でありますが、国語教育との関係で言えば、特に「相手意識」といわれる概念と結びつけて考えることが有効かと思います。国語科教育でいう「相手意識」は、文字通り、聞き手や読み手を考えて話したり書いたりすることをいいますが、「心の理論」との関係で重要なのは、相手が何をどれくらい知っているか、あるいはどれくらい知らないかを把握することの重要さです。というのも、相手が何をどれくらい知っているか、知らないかを把握することは、相手に対する情報量の質と量に直接的に反映されるからです。一般的には、「相手の知識量」と「説明の分量」は、負の相関関係にあると言えます。

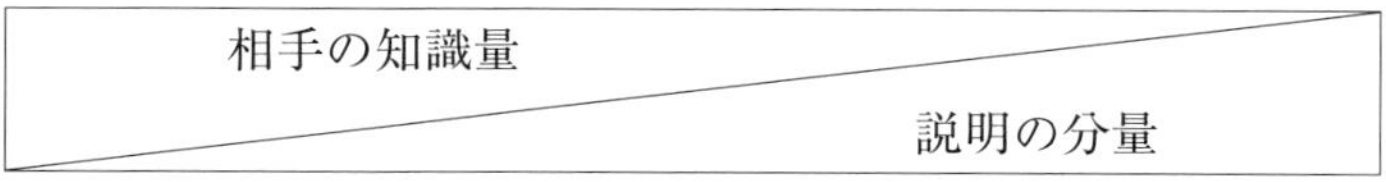

つまり、当該のトピックについて相手の持っている知識量が多いほど、説明する側が提供しなければならない情報量は少なくて済み、逆に、当該のトピックについて相手の持っている知識量が少ないほど、説明する側が提供しなければならない情報量は多くなるということです。

1つ具体的な事例を見てみましょう。クラシック音楽に関する次の記事をご覧ください。

(1) 世界トップクラスのオーケストラ、ベルリン・フィルハーモニー管弦楽団のコンサートマスター（第1バイオリンの首席奏者）に、ドイツ在住のバイオリニスト樫本大進《かしもとだいしん》さん（30）が就任することが内定した。

ベルリン・フィルの日本人コンサートマスターは、今年退任した安永《やすなが》徹《とおる》さんに次いで2人目。　　　2009年6月19日「朝日新聞」

クラシック音楽に興味がある人なら「ベルリン・フィルハーモニー」や「コンサートマスター」という言葉をよく知っているでしょうが、そういう言葉を知らない人には説明が必要になります。いま、相手（聞き手・読み手）が「ベルリン・フィル」とか「コンマス」という名前を知らないとするとき、全体を理解してもらうために必要な説明は、次のようなものになることでしょう。

(2)　世界トップクラスのオーケストラとして、ベルリン・フィルハーモニー管弦楽団（ドイツ）とウイーンフィルハーモニー管弦楽団（オーストリア）がある。ウイーンフィルは、純血主義を続けており、オーストリア人国籍で、しかも男性しか入団できないのに対し、ベルリン・フィルは、外国人でも女性でも入団できるが、そのベルリン・フィルのコンサートマスターというポストに樫本大進《かしもとだいしん》という日本人バイオリン奏者が就任することになった。コンサートマスターというのは、第1バイオリンの首席奏者のことであるが、そもそも、オーケストラで使う楽器には、バイオリン、ビオラ、チェロ、フルート、クラリネット、打楽器などのパートがあって、バイオリンは最も人数が多く、第1バイオリンと第2バイオリンに分かれている。第1バイオリンは主旋律を演奏し、第2バイオリンは、旋律の下を担い、リズムを刻むことが多いが、その第1バイオリンの首席奏者をコンサートマスターといい、俗に「コンマス」と略したりする。どのパートにも、そのパートで一番演奏技術の高い人を首席演奏者とし、特別な地位を与えているが、第1バイオリンの首席奏者（＝コンサートマスター）は、第1バイオリンのトップであると同時に、オーケストラ全体のトップ奏者でもあり、単に音楽の技術だけでなく、オーケストラを統率する指導力や人望も求められるポストと言われる。今回、ベルリン・フィルのコンサートマスターに30歳の日本人バイオリニスト樫本大進が就任したことは、日本の音楽界にとって誇らしいことと言える。ちなみに、1983年から2009年まで安永徹《やすながとおる》という日本人バイオリン奏者が日本人として初めてコンサートマスターを務めており、その安永徹が、日本での活動を増やしたいという理由で 2009 年 6 月に退団したのと入れ替わるように、樫本大進が就任したことになる。

これが、上掲の (1) に対する説明のフルバージョンということになります。(2) であれば、十分に説明がなされていますので、これでわからないという人はいなくなると期待できるのですが、気をつけるべきは、クラシック音楽に詳しい人に対して (2) のような説明は、かえって冗漫になるという点であります。

一方で、クラシック音楽に詳しい人なら、あえて説明を加える必要はなく、次のようなコメントで十分かもしれません。

(3) 樫本大進がベルリン・フィルのコンマスになったらしいね。安永さんは辞めたんだって。

この (3) が、上掲の (1) に対する説明のミニマムバージョンということになります。(2) では多くの情報を提供されており、(3) では短いコメントで足りていますが、重要なのは、話し手の発話の量というのは相手がどれくらい知っているかによって大きく変わるということであり、その意味で、相手の持っている知識や理解を思慮することは、発話において把握すべき重要な項目の１つということがわかると思います。

同様のことは次の例にも言えます。

(4) 今日の午後 4 時から小会《しょうかい》で研推《けんすい》の会議です。

このような発話は、事情を知っている人との間であれば通用しますが、そうでなければ情報不足といわれてしまうことでしょう。「小会」や「研推」について、説明がないからです。慣習的に「小会議室」のことを「小会」と呼んだり、学校における「研究推進委員会」を「研推」と略称する習慣があれば、その習慣に慣れている人にはわかるものの、そういう慣習を相手が知っているかどうかを考えることが相手意識です。

自分と同程度の知識を持っている人であれば自分の理解に基づいて発話す

ればいいのですが、心の理論が示唆するように「他人は自分と同じように知っているわけではない」わけですから、相手がどれくらい知っているかを考えながら、自分が述べている情報量で相手が理解できるように注意を払う必要があります。

☞他者理解と言語運用

心の理論から学ぶことは、他人が自分とは異なる理解をしていることを理解しなければならないという点にある。言語の運用には、他人が自分とは異なる理解をしている可能性を考えて、発話し解釈する必要がある。

心の理論については、アスティントン（Astington, 1993）の著書に邦訳もあり包括的にまとめられていますし、日本人による概説書に子安増生『心の理論—心を読む心の科学』（岩波書店, 2000 年）があります。

●●コラム　ファティックコミュニケーション……………………………………

言語学に「ファティック（phatic）」という用語があります。強いて日本語の用語をあてれば「交話」と訳されます。もともと、英語の phatic という語は「交感的な / 儀礼的な / 社交上の」という意味の形容詞ですが、カタカナの「ファティック」で言語学の専門用語として使われています。金田一秀穂（『新しい日本語の予習法』角川書店, 2003 年）が言うには「文脈の中で実質的な意味をもたないものの、発話者同士がつながっていることを確認させる表現」のことです。典型的には、日常の挨拶がファティックの例にあたります。「お早う」「お休み」に語彙的な意味はなく、「一度できた社会的な関係を維持するという働きをする」ものでしかないからです。「いい天気ですね」とか「寒くなりましたね」のような軽い挨拶のほか、先述の雑談もそうですし、手紙の冒頭に書く時候の挨拶もファティックの例にあたります。いずれも、伝えるべきメッセージ性に乏しく、発すること自体に意味がある言語表現（言語行動）です。奇妙に聞こえるかもしれませんが、ファティックは、言語表現でありながら、自己を表現するためではなく、情報を伝達するためのものでもないというところに特徴があります。

例えば、親しい人が、すれ違いざまに「どちらまで」「ちょっとそこまで」というような会話を交わすとき、訊いた人も本気で相手の行き先を知りたかったわけではなく、答えた人も極めて漠然とした「そこまで」としか答えていませんが、それで2人の間では、ファティックコミュニケーションというコミュニケーションが立派に成立しているわけです。英語では、How are you やWhat's up のようなフレーズがファティック表現にあたり、それだけでファティックコミュニケーションを成立させることが難しくないと思われます。

第5節＝関連領域からの支援事例（その4）――アフォーダンス

最後に取り上げるのは、「アフォーダンス（affordance）」という概念です。

アフォーダンスというのは、アメリカの生態心理学者ジェームズ・ギブソン（James Gibson, 1979）が「環境と知覚者の関係がつくる情報」として提唱した概念をいいます。佐々木（1993: 98）の記述を援用してもう少し詳しく言うと、人間が何かを見るというとき、単に対象が持つ固有の特徴（例えば「長さ」や「固さ」など）だけに目を向けるのではなく、身体をベースにした「行為の可能性」を見ているというのがアフォーダンスの理論です。例えば、階段の手すりは、設置された高さや太さを見れば、決して「ここを軽く握ってください」などと書いてもいないのに、自然に手が動いて握ろうとするでしょう。このとき、階段の手すりは「握る」という行為を「アフォードする」といいます。わかりやすく言えば、対象が生物に対して提供する行為の可能性が「アフォーダンス」です。アフォーダンスは、人だけでなく、他の生物にも適応できる概念です。佐々木正人（1993）によると、カマキリは獲物を見たとき決して闇雲に手を出すことはせず、自分の手の長さと大きさを基準にして捕獲できるか否かを判断するといいます。行為をアフォードするかどうかは知覚者との関係に決定的に依存しますので、例えば、たまたま野外に石があり、高さが60センチくらいで、上面がほぼ平らであれば、その石は、多くの成人に「腰掛ける」という行為をアフォードしますが、その石がイヌやゾウに「腰掛ける」という行為をアフォードすることはありません。繰り返しになりますが、アフォーダンスは属性の集合体ではありません。小林春美（1992）がいうように、属性が生体と独立して定義できるのに対して、アフォーダンスは生体（知覚主体）と環境との関係においてのみ初めて定義されるものだからです[1]。

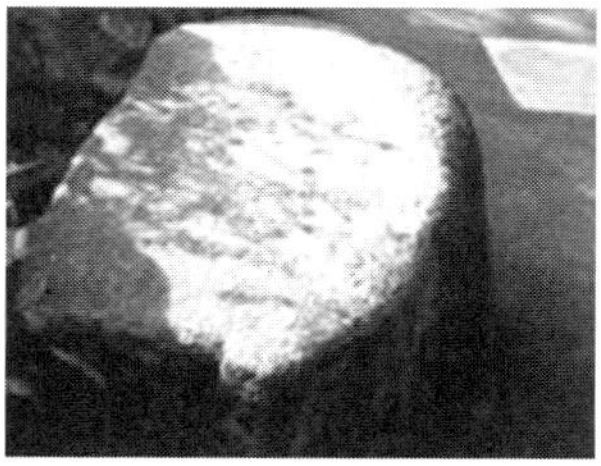

その上で、生態学的なアフォーダンスの概念を対人関係に応用したのが「社会的アフォーダンス（social affordance）」です。社会的アフォーダンスというのは、岡田美智男（1996）や岡田美智男ほか（1997）などの論文の中で提唱された概念で、およそ「他者や自己の対話や行為から、自分の対話や行為の可能性が生じること」をいうもので、まだ確立したものではありませんが、実際の人間の行動を観察したり説明したりするのに有効な概念のように思われます。自分の行為が、環境（他者）からピックアップされる「行為の可能性」によって支えられるという意味でアフォーダンスに対応しますが、その可能性が物理的な環境や人工物から提供されるものではなく、対人的な発話や行為から提供されるという点で「社会的アフォーダンス」と呼ばれるものです。行為が行為をアフォードする現象として、例えば、授業や講演などで、誰も質問を出さないときには自分も質問を出しにくいものですが、他の参加者が徐々に質問を出し始めると自分も質問を出しやすくなります。つまり、他人の質問が自分の質問をアフォードするという経験を一例として挙げることができます。また、授業や会議の中で、他人の発言が何かを思い出す契機になったりしますが、これも他人の発言が記憶想起をアフォードしたということができます。この点で、ブレーンストーミングでは、特定の意図がなくても発言すること自体に意味があるわけです。

---

［1］ アフォーダンスの本来の概念規定から離れるものの、ノーマン（Norman, 1988）という認知科学者はアフォーダンスを拡大解釈し、製品の使いやすさに応用しましたが、本書でも、アフォーダンスの概念をノーマンのように広く解釈しておきたいと思います。

また、発話が発話を支援する現象として、典型的には、具体的な項目を挙げることが相手の発話をアフォードします。例えば、単に「自己紹介してください」というのに比して、「簡単な経歴と得意分野について話してください」という方が、話しやすくなるわけです。

さらに、相手の言語行為を容易にするという点から見たとき、次の (5) のペアにおいて、(5a) と (5b) では、どちらが答えやすいでしょうか。

(5) a.　何を探しているのですか。
　　b.　何か探しているのですか。

これら (5a) と (5b) に絶対的な差異はないものの、(5a) では「何かを探している」ことが前提とされ、その上で「探している対象」を直接尋ねられているのに対し、(5b) は表現上「探しているかどうか」を尋ねていますので、もし直接答えたくない場合には、「いえ、特に探しているわけではありません」のように否定することが容易です。(5b) の方が心理的な負担が軽いように感じられるとすれば、選択の幅が広いためと説明することができます。

同様のことは、次の例にも言えます。

(6) a.　手伝ってください。
　　b.　手伝ってくださいますか。

(6a) も (6b) も、手伝いを依頼しているという点で同じでありますが、(6a) のように直接依頼されるのに比して、(6b) では表現上、疑問文の形をとっていますので、依頼された側に肯否の選択が可能であり、拒否したい場合は拒否しやすいという差異があります。このように、(拒否という) 言語行為をアフォードしているのが (6b) のような表現形式と考えれば、社会的アフォーダンスは、言語教育としての国語教育も射程に入れる必要が見えてくることでしょう。

さらに、質問という言語行為は、相手に回答を要求するという点で、なにがしかの負担を強いるものですが、質問の内容によっては相手が感じる負担感も大きなものになることがあります。例えば、深刻な問題で話をしているとき、「このことについて、○○さんはどう思いますか」というような問いかけは、漠然としていることで、かえって問いかけられた側にとって負担になることが推測できるわけですが、もし、「このことについて、○○さんはどう思いますか」に続いて、例えば、次のようにつけ加えたらどうでしょう。

(7) 賛成しますか、反対ですか。あるいは、どちらかと言えば賛成、どちらかと言えば反対ですか。誰かの意見に関連させて何か言うことはありませんか。全く自分の意見でもかまいません。

これによって、意見を求められた側は、「賛成 / 反対」と「どちらかと言えば賛成 / どちらかと言えば反対」という柔軟な選択肢を提示されただけでなく、「誰かの意見に関連させて言う」というアプローチも提案された形になり、同時に、独自に「全く自分の意見」をいうことも明示的に許されたことになり、発言を始めるための支援を得たと言っていいかと思います。このとき見落としてはいけないのは、(7) のような補足によって、意見を求められた側が負担を軽くすることができる一方で、(7) を発言する側が労力を強いられることになるという点です。

同様のことは、次の例にも言えます。

(8) a.　それはどういうことですか。
　　b.　それはこういうことですか。

理由を質問するとき、質問する側は (8a) のように尋ねるのが最も簡潔であり容易でもあるわけですが、質問された側は、理由について全面的に説明を始めなければなりません。これに対し、(8b) のように、質問する側の解釈を候補として挙げながら理由を質問すると、質問された側は、それを肯定あるいは否定するだけで答えたことになるという点で、質問者に支えられたことになるわけです。

現実の言語活動を見れば、(5a) や (6a) のような言い方になりがちで、(5b) や (6b) あるいは (7) のように言葉数を増やしてでも相手の負担を軽くしようとする人は多くないかもしれません。実際、相手の負担を軽くする配慮と自分の負担を重くしたくないという本音との間で揺れるところではありますが、そういう場面でこそ、指導者は、安易な質問が相手の負担を重くするという側面を児童・生徒に指導する必要があるように思われます。そうした配慮は、強い理性を持つか指導をされなければ、なかなかできることではないからです。

☞**アフォーダンスと言語運用**

アフォーダンスの観点から言うと、相手の行動や発話が自分の行動や発話をサポートしたり、自分の行動や発話が相手の行動や発話をサポートしたりすることがある。

アフォーダンスについて、もう少し詳しく知りたい方は、佐々木正人氏の『アフォーダンス—新しい認知の理論』(岩波科学ライブラリー, 1994年)や『アフォーダンス入門—知性はどこに生まれるか』(講談社学術文庫, 2003年)をご覧ください。

●●コラム　国語教育と国語科教育

教育学の世界では、「国語教育」という用語と「国語科教育」という用語は厳密には異なります。一般の人たちにとっては、同じように見えるでしょうし、教育学のバックグラウンドを持たない研究者も、国語教育と国語科教育を同じものと思っている人が多いように思われます。個人的な体験談で恐縮ではありますが、少なくとも、はじめて教育学部に異動してきたときの私にとって、「国語科教育」の規定は、ショッキングなものでした。「国語教育」は、文字通り「国語の教育」であり、「国語を教える教育」に近いのですが、「国語科教育」は、そのような意味ではありません。「国語科教育」は「国語科の教育」であって、それは「国語の教育」とは別物なのです。「国語科の教育」という意味は、学校教育の中に「教科」という区切りがあって、その中にある「国語科」「社会科」「算数科 / 数学科」などの「教科ごとに対応した教育」が、「教科教育」と呼ばれるものです。「国語科教育」というのは、学校教育の中の「国語科」という教育を前提として初めて成り立つものであって、学校教育や国語科という領域を前提としない「国語科教育」は存在しないということになるわけです。

	一般的な教育	教科教育
事例	国語教育　英語教育 数学教育	国語科教育　英語科教育 数学科教育
位置づけ	必ずしも学校教育と教科を前提としない	学校教育と教科を前提とする
対象	無制限	学校に在籍している人のみ
範囲	学校の中に限定されない	学校の中だけで通用する

「教科教育」は、学校教育と教科を前提としていますので、学校に在籍する児童・生徒だけが対象となります。したがって、「国語科教育」の対象となるのは、「国語科」という教科のある小学校の児童と、中学校・高校の生徒だけで、「英語科教育」の場合は、小学校に「英語科」という教科がないことから、中学校と高校の生徒だけということになります。見方を変えると、学校に在籍していない人は「教科教育」の対象にはならず、学校に在籍していない人も対象になるのは「国語教育」や「英語教育」のように、教科を前提としない教育だけということになるわけです。

「教科教育」は、学校教育の中の「教科」という世界の中だけのもので、高い理念を掲げる一方、しばしば一般社会との乖離が認められるところに注意が必要です。実社会との乖離というのは、実際の社会生活では用いられないものを積極的に取り上げる点が挙げられ、例えば、「創作漢字」と呼ばれる学習があります。その中身は、独自に部首を組み合わせたり、既存の漢字をアレンジしたりして新しい漢字を創造するというもので、例えば、足偏に「氷」と書いて「スケート」と読ませるなどというものです。たしかに、ことばが新しく作られるという現象は、言語研究でも「新語（neologism）」という用語があるほど一般性の高い現象ではありますが、医学の世界では「造語症」ともいわれ、臨床的には統合失調症患者にしばしば見られるとされています。創作漢字を小学校で積極的に取り上げることに違和感を覚える理由も、ここにあるように思われます。

●●コラム　3 領域と 1 事項……………………………………………………

国語科という教科の中での教育内容は、学習指導要領で「3 領域·1 事項」と呼ばれる分割法が定着しています。3 つの領域とは「A．話すこと・聞くこと」「B．書くこと」「C．読むこと」で、1 事項というのは「伝統的な言語文化と国語の特質に関する事項」という正式名称になっています。この「3 領域」において「話すこと」と「聞くこと」が 1 つに括られている一方で、「書くこと」と「読むこと」は切り離されており、しかも、3 つの領域の順番も必ず「A．話すこと・聞くこと」→「B．書くこと」→「C．読むこと」でなければならないことになっています。実は、私自身、この 3 つの名前を初めて見たときから、違和感を覚えておりました。その理由は明白で、なぜ「話すこと・聞くこと」がセットになっているのか、この順番にどのような意味があるのかというものでした。

国語科における領域の設定は、戦後の学習指導要領の中で幾度かの変遷を経て、現在の形に至っています。昭和 22 年度の学習指導要領（試案）で、「話しかた」「作文」「読みかた」「書きかた」という 4 つの領域が掲げられ、昭和 26 年の改訂版で、現行の領域名に近い「聞くこと」「話すこと」「読むこと」「書くこと」の 4 つに改められました。それが、昭和 43 年告示（昭和 46 年施行）の学習指導要領で「聞くこと、話すこと」「書くこと」「読むこと」という 3 つに再編され、さらに、昭和 52 年告示（昭和 55 年施行）の学習指導要領で「表現」「理解」の 2 領域に大きく簡略化されました。この段階での「表現」「理解」という 2 領域の設定は、言語心理学における「産出（production）」と「理解（comprehension）」の設定に対応しており、その点では言語心理学の手法と互換性が見られます。その後、平成 10 年告示（平成 14 年施行）の学習指導要領で 3 領域に戻り、「話すこと・聞くこと」「書くこと」および「読むこと」という形になりましたが、その際、最初の領域設定において「話すこと・聞くこと」というように「話すこと」が「聞くこと」の前に置かれ、現在に至っています。言語学習の基本プロセスから言えば、当然、先に〈入力（理解）〉があって、その上で初めて〈産出（表現）〉が可能になるわけですから、その意味では、「話すこと」よりも「聞くこと」が先行されるべきではありますが、現行の「話すこと・聞くこと」で「話すこと」が先に置かれている学術的な根拠は不明です。

3 領域の設定については体系化の必然的根拠や一般社会における言語運

用との関連が示されていないところに問題があり、このようなところに関しても関連領域との学際性を高める必要性があるように思われます。

おわりに

学校教育の世界では、さまざまな概念やスローガンあるいは指導内容が発想され、実際の授業で理論的基盤となり、あるいは、その指導内容が積極的に実践されています。教育行政のスローガンとしては「生きる力」「確かな学力」「ことばの力」であったり、指導法としては「心情曲線」「ブックトーク」だったりと、学校教育独自の固有のアイディアは枚挙にいとまがありません。そうした発想が、学校現場で教育に汗を流しておられる先生方にとって重要なキーワードであることを学校の外にいる人は理解しておく必要があると思います。ただ、残念なことに、そうした発想の多くが、一般社会に生きる多くの人々にとっては初耳で、日々の生活に対して必然的な関連を持っているようには実感できないというのも経験的な現実です。その原因として、学校教育の中で発想したことが一般社会でも応用できるようにする工夫と意識が十分でないという指摘もあるかもしれませんが、私のような基礎研究の人間には、学校で学んだことを社会で応用しようという発想自体に無理があるように思われます。むしろ、逆向きに考えるべきではないのかというのが本書の立場であり、一般社会で通用している内容を如何に学校社会で運用するかという発想から各章の議論を展開してまいりました。教育現場の先生方の中には、そのようなアプローチに嫌悪感を抱く方もいらっしゃるかもしれませんが、学校教育の中で発想した指導内容を卒業後の子どもたちが一般社会で活かす機会がほとんどないという程度において、逆向きのアプローチに目を向けることは自然な流れではないかと思われます。こうした本書の姿勢に対して、先生方の忌憚のないご叱正をお受けしたいと思います。

なお、本書の記述には、平成23年度中央教育研究所教科書研究奨励金「小学校国語科教科書における視覚情報の類型化」（研究代表者 菅井三実）、兵庫教育大学学長裁量経費による平成23－24年度「理論と実践の融合」に関する共同研究活動「認知科学的手法に基づく文章作成力向上のためのプログラム開発」（研究代表者 菅井三実）、および、2012－2014年度 基盤研究（C）「国語科と英語科の連携による教員と学習者のための教科内容高度化プログラム開発」（課題番号：24531123, 研究代表者 菅井三実）の研究成果の一部が含まれます。

参考文献

秋田喜代美（2002）『読む心　書く心―文章の心理学入門―』北大路書房

安部朋世・橋本修（2014）「いわゆるモナリザ文に対する国語教育学・国語学の共同的アプローチ」『全国大学国語教育学会発表要旨集』126, pp. 273–276.

有元秀文（2012）『まともな日本語を教えない勘違いだらけの国語教育』合同出版

市川伸一（1997）『考えることの科学―推論の認知心理学への招待―』中央公論社

今井むつみ（2010）『ことばと思考』岩波書店

大津由起雄（2004）『小学校での英語教育は必要か』慶應義塾大学出版会

大村はま（1983）『国語学習のために（大村はま 国語教室 第13巻）』筑摩書房

岡田美智男（1996）「日常的な対話における間身体的な関係について」『情報処理学会技術報告』96-SLP-13-7, pp. 37–42.

岡田美智男（1997）「対話研究の楽しみ」『言語』26（5）, pp. 44–49.

岡田美智男・鈴木紀子・石井和夫・Edward Altman（1997）「雑談の構成的な理解に向けて」『情報処理学会技術報告』97-SLP-17-7, pp. 39–44.

海保博之（2005）『「ミス」をきっぱりなくす本』成美堂出版

加藤義信（2013）「『心の理論』と表象理解―2～4歳児はどんな心の世界に生きているか―」『発達』34（135）, pp. 30–35.

金田一秀穂（2003）『新しい日本語の予習法』角川書店

小林春美（1992）「アフォーダンスが支える語彙獲得」『言語』21（4）, pp. 37–45.

子安増生（2000）『心の理論―心を読む心の科学―』岩波書店

坂本　旬（2008）「『協働学習』とは何か」『生涯学習とキャリアデザイン』5, pp. 49–57, 法政大学キャリアデザイン学会

佐々木正人（1993）「認知科学の新しい動向［5］―アフォーダンス―」『言語』22（5）, pp. 96–101.

佐々木正人（1994）『アフォーダンス―新しい認知の理論―』岩波書店

佐々木正人（2003）『アフォーダンス入門―知性はどこに生まれるか―』講談社

佐藤　学（2006）『学校の挑戦―学びの共同体を創る―』小学館

三宮真智子（1996）「思考におけるメタ認知と注意」市川伸一［編］『認知心理学4』

東京大学出版会, pp. 157–180.

渋谷　孝 (2008)『国語科教育はなぜ言葉の教育になり切れなかったのか』明治図書出版

鈴木孝夫 (1973)『ことばと文化』岩波書店

鈴木孝夫 (1990)『日本語と外国語』岩波書店

竹内　薫 (2004)『世界が変わる現代物理学』筑摩書房

辻　大介 (2005)「『対話』から『共話』へ―若者のコミュニケーション作法の現在形―」『月刊高校教育』38 (12), pp. 34–37.

戸田正直・阿部純一・桃内佳雄・徃住彰文 (1986)『認知科学入門―「知」の構造へのアプローチ―』サイエンス社

内藤　淳 (2009)『進化倫理学入門―「利己的」なのが結局、正しい―』光文社

西林克彦 (1997)『「わかる」のしくみ―「わかったつもり」からの脱出―』新曜社

西林克彦 (2005)『わかったつもり―読解力がつかない本当の原因―』光文社

藤田和生 (2010)「比較メタ認知研究の動向」『心理学評論』53(3), pp. 270–297.

水谷信子 (1980)「外国語の修得とコミュニケーション」『言語生活』344, pp. 28–36.

水谷信子 (1993)「『共話』から『対話』へ」『日本語学』12 (4), pp. 4–10.

水谷信子 (1995)「日本人とディベート―『共話』と『対話』―」『日本語学』14 (6), pp. 4–12.

村上陽一郎 (1979)『新しい科学論―「事実」は理論をたおせるか―』講談社

山鳥　重 (2011)『心は何でできているのか―脳科学から心の哲学へ―』角川学芸出版

米盛裕二 (2007)『アブダクション―仮説と発見の論理―』勁草書房

Astington, J.W. (1993) *The child's discovery of the mind*. Cambridge, MA: Harvard University Press. (松村暢隆［訳］(1995)『子供はどのように心を発見するか―心の理論の発達心理学―』新曜社)

Bartlett, F.C. (1932) *Remembering: A study in experimental and social psychology*. Cambridge, UK: Cambridge University Press. (宇津木保・辻正三［共訳］(1983)『想起の心理学―実験的社会的心理学における一研究―』誠信書房)

Bransford, J.D. and M.K. Johnson (1973) Considerations of some problems of comprehension. In Chase, W. (ed.), *Visual information processing*. New York: Academic Press, pp. 383–438.

Deutscher, G. (2011) *Through the language glass: Why the world looks different in other languages*. New York: Picador. (椋田直子［訳］(2012)『言語が違えば、世界も違って見えるわけ』インターシフト)

Gibson, J.J. (1979) *The ecological approach to visual perception*. Boston: Houghton Mifflin. (古崎敬・古崎愛子・辻敬一郎・村瀬旻［共訳］(1986)『生態学的視覚論―ヒトの知覚世界を探る―』サイエンス社)

Gleason, H.A. (1961) *An introduction to descriptive linguistics*. New York; London: Holt, Rinehart and Winston. (竹林滋・横山一郎［共訳］(1970)『記述言語学』大修館書店)

Iacoboni, M. (2009) *Mirroring people: The science of empathy and how we connect with others*. New York: Picador. (塩原通緒［訳］(2011)『ミラーニューロンの発見―「物まね細胞」が明かす驚きの脳科学―』早川書房)

Johnson, D.W., R.T. Johnson, and K.A. Smith (1991) *Active learning: Cooperation in the college classroom*. Interaction Book Co. (関田一彦［監訳］(2001)『学生参加型の大学授業―協同学習への実践ガイド―』玉川大学出版部)

Jakobson, R. (1956, 1980) Metalanguage as a linguistic problem. In *The framework of language*. Ann Arbor: Michigan Studies in the Humanities, pp. 81–92. (池上嘉彦・山中桂一［訳］(1984)「言語学の問題としてのメタ言語」『言語とメタ言語』勁草書房, pp. 101–116.)

Jakobson, R. (1960) Linguistics and Poetics. In Sebeok, T. (ed.), *Style in Language*. Cambridge, MA: MIT Press, pp. 350–377. (中野直子［訳］(1973)「言語学と詩学」川本茂雄［監修］『一般言語学』みすず書房, pp. 183–224.)

Hawkins, E. (1984). *Awareness of language: An introduction*. Cambridge University Press.

Holyoak, K.J. and P. Thagard (1998) *Mental leaps: Analogy in creative thought*. Cambridge, MA: MIT Press/Bradford Books. (鈴木宏昭・河原哲雄［監訳］(1998)『アナロジーの力―認知科学の新しい探求―』新曜社)

Lakoff, G. (1987) *Women, fire, and dangerous things: What categories reveal about the mind*. Chicago: University of Chicago Press.（池上嘉彦・河上誓作［他訳］（1993）『認知意味論―言語から見た人間の心―』紀伊國屋書店）

Langacker, R.W.（1987）*Foundations of cognitive grammar, vol.1: Theoretical prerequisites*. Stanford, CA: Stanford University Press.

Langacker, R.W.（2001）Dynamicity in grammar. *Axiomathes*, 12(1–2), pp. 7–33.

Lave, J. and E. Wenger（1991）*Situated learning: Legitimate peripheral participation*. Cambridge and New York: Cambridge University Press.（佐伯胖［訳］（1993）『状況に埋め込まれた学習―正統的周辺参加―』産業図書）

Norman, D.A.（1988）*The psychology of everyday things*. New York: Basic Books.（野島久雄［訳］(1990)『誰のためのデザイン？―認知科学者のデザイン原論―』新曜社）

Polanyi, M.（1966）*The tacit dimension*. Gloucester, MA: Peter Smith.（高橋勇夫［訳］（2003）『暗黙知の次元』筑摩書房）

Popper, K.R.（1959）*The logic of scientific discovery*. London: Hutchinson.（大内義一・森博［共訳］（1971/1972）『科学的発見の論理（上）』『科学的発見の論理（下）』恒星社厚生閣）

Rumelhart, D.E. and A. Ortony（1977）The representation of knowledge in memory. In Anderson, R., R.J. Spiro and W. Montague (eds.), *Schooling and the acquisition of knowledge*. Hillsdale, New Jersey: Lawrence Erlbaum Associates, pp. 99–135.

Tomasello, M.（1999）*The cultural origins of human cognition*. London: Harvard University Press.（大堀壽夫・中澤恒子・西村義樹・本多啓［共訳］（2006）『心とことばの起源を探る―文化と認知―』勁草書房）

Tunmer, W.E. and C. Bowey（1984）Metalinguistic awareness and reading acquisition. In Tunmer, W.E. *et al.* (eds.), *Metalinguistic awareness in children: Theory, research, and implications*. Berlin; New York: Springer-Verlag, pp. 144–168.

Vygotsky, L.S.（1934）Мышление и речь：психологические исследования.（柴田義松［訳］（2001）『新訳版・思考と言語』新読書社）

Wimmer, M.C. and M.J. Doherty（2011）. The development of ambiguous figure perception. *Monographs of the Society for Research in Child Development*,

76(1), 1–130.

Winograd, T. (1972) *Understanding natural language*. New York: Academic Press.（淵一博・田村浩一郎・白井良明［共訳］(1976)『言語理解の構造』産業図書）

Winograd, T. (1975) Frame representations and the procedural declarative controversy? In Bobrow, D. and A. Collins (eds.), *Representation and understanding*. Mahwah: Lawrence Erlbaum Associates, pp. 63–88.（淵一博［監訳］(1978)「枠の表現と宣言型／手続き型論争」『人工知能の基礎—知識の表現と理解—』近代科学社, pp. 171–194.）

索 引

あ

相手意識……59, 138, 140
アフォーダンス……142
アブダクション……107–110
アルゴリズム……111
暗黙知……71
言い過ぎ……113–115, 117
鋳型照合モデル……101, 104
入れ子場所構文……48
インドネシア語……9
演繹的学習……72–82
演繹的推論……102–106, 110
応用研究……3–4
音素回復効果……104

か

解釈……13, 15, 18–22
概念化……13
概念主義的意味観……13, 14, 22, 23
学際性……4, 121, 122, 124, 149
額縁構造……78
間主観性……11, 44, 133
間身体性……11, 131–134
基礎研究……4
帰納的学習……72–82
帰納的推論……103–107, 110
客観主義的意味観……12, 14, 23
教科教育……146, 147
兄弟関係……8
協働学習……92–97
協同学習……92–94
共同主観性……間主観性 を参照
共話……128–131, 133
空間から時間への拡張……44, 46
経験……23–26
経験基盤主義……66, 67
経験主義……65–67
言語外的要因……22, 25, 34
言語獲得装置……66, 67
言語相対説……7–10
言語の機能……30
言語の恣意性……33, 35
言語力……25–29
語彙的多義文……57, 58
構造的多義文……57, 58
肯定証拠……112
合理主義……65–67
国語教育と国語科教育……146, 147
国語辞典……16
心の理論……57, 134–141
誤信念課題……134, 138
コミュニケーション
……11, 26–28, 126–131
ごんぎつね……78, 84, 108, 115

さ

雑談……128, 129, 141
サピア＝ウォーフの仮説
……言語相対説 を参照
姿勢……18
視線のなめらかさ……39–41, 44
視点……13–15, 19, 22, 25, 84, 87
社会的アフォーダンス……143
順序の類像性……34
ショナ語……6, 7
推論……99–102
スキーマ

……66, 67–72, 99–103, 105, 106, 137
スロット……69–71, 87
生成文法……12, 23, 65–67
接続詞……52, 53, 79, 80, 82
宣言的知識……117–120
相対化……10, 29

た

大から小の原則……47–50
態度……17, 18, 20–22, 25, 30
対話……128–131
多義図形……136, 137
多義文……56–59
他者理解……136, 138
チャンク化……37–39
注意……17, 18, 21, 51, 52
手続き的知識……117–120
テンプレート……82–87, 92
同語反復……60
捉え方……14, 16, 18–22

な

虹の色……6, 7
認知機構……22, 23, 25, 29
認知言語学……12–15, 23, 66, 67

は

配慮……18, 21, 145, 146
バサ語……6
発見学習……72
反証可能性……125, 126
否定証拠……112, 113
ヒューリスティックス……111, 112
評価……19–22, 25
ファティック……31, 141, 142
普遍文法……66
プログラム学習……72
文脈的多義文……58
方言…… 俚言 を参照

ま

ミラーニューロン……133, 134
無関係……113–115, 117
矛盾……113–115, 117
メタ記憶……50, 51
メタ言語……30, 50
メタ言語能力……55, 56, 59, 60
メタ思考……50, 51
メタ知覚……50, 51
メタ注意……50–52
メタ認知……50–52, 54
メタ理解……50, 51
モナリザ文……91, 92
物語性……45, 46
ものの見方
……5–9, 12, 13, 15, 17, 19–21, 33, 82
模倣学習……92–97, 134
問題解決学習……72

ら

俚言……5, 60
累進的文化進化……95, 97
類像性……33, 34

わ

話型……82, 87, 88–92

〈著者紹介〉
菅 井 三 実（すがい かずみ）　兵庫教育大学大学院学校教育研究科 教授
岐阜県中津川市出身。名古屋大学大学院文学研究科博士課程中退，現在，兵庫教育大学大学院学校教育研究科教授。専門は，現代日本語学・認知言語学。著書に，『認知言語学への招待』(共著，大修館書店，2003年)，『認知言語学論考 No. 4』(共著，ひつじ書房，2005)，『国語からはじめる外国語活動』(共著，慶應義塾大学出版会，2009年)，『語・文と文法カテゴリーの意味』(共著，ひつじ書房，2010)，『英語を通して学ぶ日本語のツボ』単著，開拓社，2012年）など。

人はことばをどう学ぶか
——国語教師のための言語科学入門——

初版第1刷 ———2015年8月15日

著　者————菅井三実《すがいかずみ》
発行所————株式会社 くろしお出版
〒113-0033　東京都文京区本郷3-21-10
［電話］03-5684-3389　［WEB］www.9640.jp

印刷・製本　藤原印刷　　装　丁　折原カズヒロ　　イラスト　村山宇希（ぽるか）

ISBN978-4-87424-665-8 C1081